国語科重要教材の授業づくり

たしかな教材研究で読み手を育てる

「モチモチの木」の授業

実践国語教師の会 監修
立石泰之 編
國本裕司 著

明治図書

はじめに

平成二十九年改訂の学習指導要領では、「主体的・対話的で深い学び」の視点からの授業改善を通した各教科等における資質・能力の育成が求められています。

子ども一人一人の「主体的・対話的で深い学び」を実現していくためには、まず何よりも教師の教材分析・解釈力が必要です。その教材にはどのようなことが書かれているのか、子どもたちにその教材で今学ばせる意味は何か、その教材にはどのような指導内容が含まれているのか、学習者である子どもたちはどのように反応するのか（それはなぜか）、子どもたちをどのように指導内容に迫らせていくのかなどの視点で分析・解釈していく必要があります。

教師が、教材について子どもの読み誤りの予測までを含めた深い分析・解釈を行っておくことで、子どもたちが解決したいと思う課題や活動を構想したり、子どもたちの様々な反応に対応したりすることが可能になるとともに、子どもたち自身では気付けない方向へと学びを導くことができます。

このように、「主体的・対話的で深い学び」の実現には、教師の教材をたしかに「読む」力が必要なのです。

現在使用されている国語の教科書には、長い間掲載されてきた文学教材が数多くあります。なぜ、これらの文学教材は、多くの教師や学校現場で支持され続けてきたのでしょうか。それは、その教材で子どもたちを学習させる「価値」を多くの教師が感じてきたからに他なりません。そして、多くの先達が、その「価値」に子どもたちを迫らせるための読ませ方を研究・実践してきました。

本シリーズでは、それらのような教材を国語科における「重要文学教材」と位置付け、教材分析・解釈を通してそれらの教材の「価値」に迫るとともに、どのようにしてその「価値」に迫る読み方を子どもたちにさせていくか、授業づくりのステップに合わせて構成しています。

本シリーズは、基本的に次のような三つの章で成り立っています。

第一章　教材を分析・解釈する力を高めよう
第二章　指導方法を構想する力を高めよう
第三章　板書と思考の流れで展開がわかる授業

資質・能力は、言語能力を発揮する課題解決的な学習過程を、発達段階に応じて「繰り返すこと」によって育まれていきます。本シリーズでご紹介する教材分析・解釈の仕方、授業づくりの方法や教師の指導の一端を通して、読者のみなさんにもいっしょに考えていただくことで、今後の授業づくりの一助になれば幸いです。

立石　泰之

目次

〈注〉本書で使用している教科書は、すべて、令和2年度版光村図書三年下です。
出典：『モチモチの木』斎藤隆介作（岩崎書店）

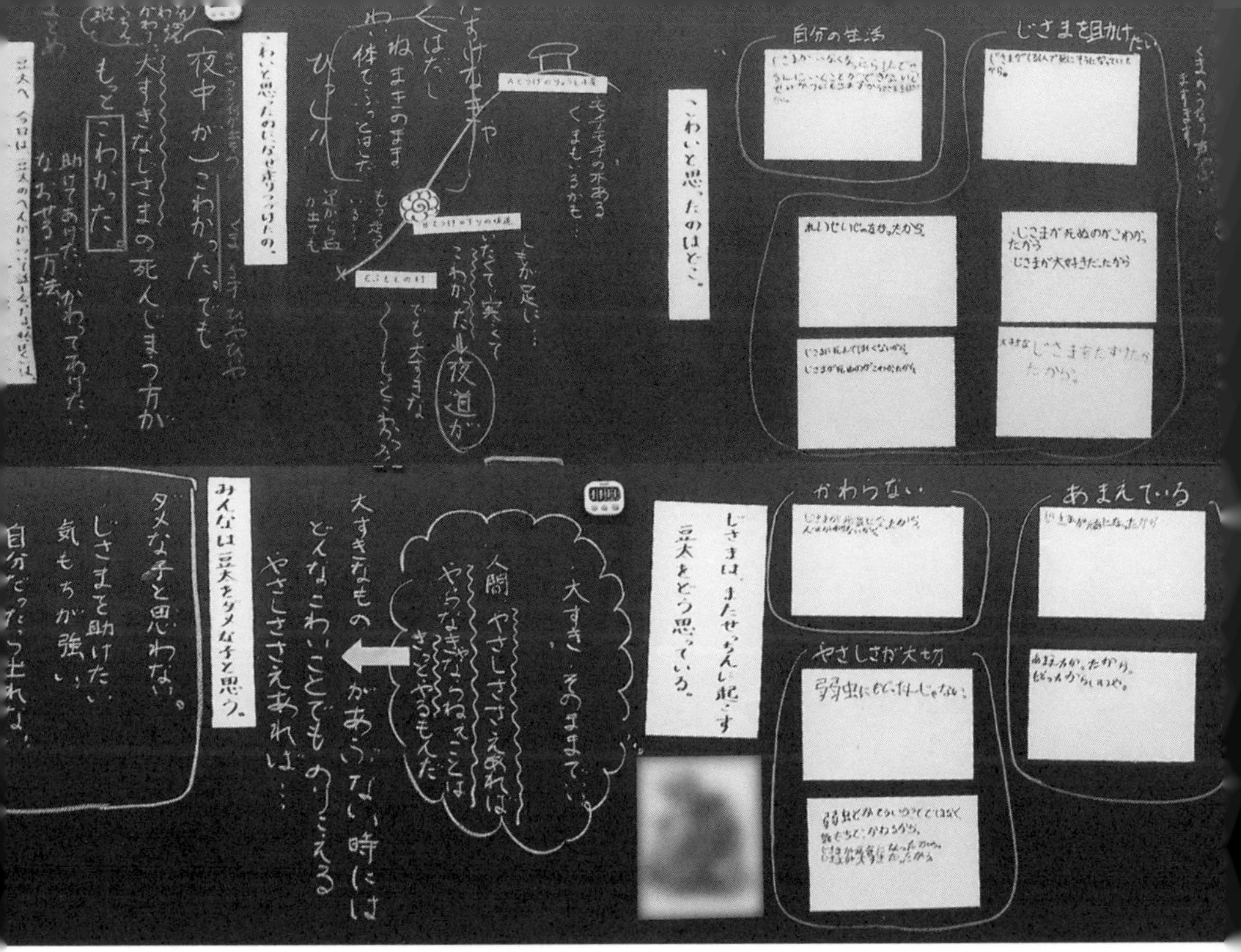

第１章

教材を分析・解釈する力を高めよう

1 読者として教材と出合おう

教材研究とは、**「教材の分析・解釈」**と**「指導方法の構想」**のことです。指導方法を構想していくためには、何よりもしっかりとした教材の分析・解釈が重要です。

私たち教師は、授業を計画する際に、まず指導すべきこと、教えるべきことは何かを探しがちです。手っ取り早いのは、教科書の指導書を開くことでしょう。指導書を見れば、単元だけでなく、一単位時間の目標もすぐに分かります。また、教材の中の重要な語句やその意味までも解説してあり、大変便利です。十分に教材研究されている指導書に書いてある指導案通りの授業を行っていくことで、指導者としては安心することができます。

しかし、そのような授業を積み重ねていくことは、授業づくりにおける多くの弊害を生み出しかねません。

第一に、子どもたちが授業を楽しいと感じなくなります。一体、なぜでしょう。

それは、指導者の目線で授業がつくられているからです。指導者の目線でつくられた授業は、誘導的になりがちです。子どもたちに「言わせよう」「気付かせよう」とするあまり、結果的に子どもたちが自分の解釈について考えるのではなく、指導者の頭の中にあることばを言い当てることに躍起になってしまうことがしばしばあります。そうなると、少数の理解できる子だけが発言する授業になってしまいがちです。

第二に、「何を指導すべきか」から始まる教材分析を行っていくと、物語を読む読者の心の動きや感動を感じにくくなります。

教科書に掲載されている物語の多くは、教材にするために書かれたものではありません。文学は、私たち読者に読むことを通して、他者と出会わせ、自己を見つめさせ、人間の本質を感じ取らせます。教室の子どもたちもまた、教材として文学と出合い、読者として心を動かされています。そして、学習へと突き進む原動力を得るのです。その心の動きを理解することこそ、学習者である子どもたちの目線で授業をつくる力へとつながっていきます。

この教材で何を教えたらいいのだろう?
子どもたちに何を言わせたらいいのだろう?
このことばを教えればいいんだな!
朱書き入りの教科書

▲指導者として出合う
文学の教材研究のスタート

私は何を心に感じただろう?
この作品のどんなことばが私にそう感じさせるのだろう?
子どもと同じ教科書

▲読者として出合う
文学の教材研究のスタート

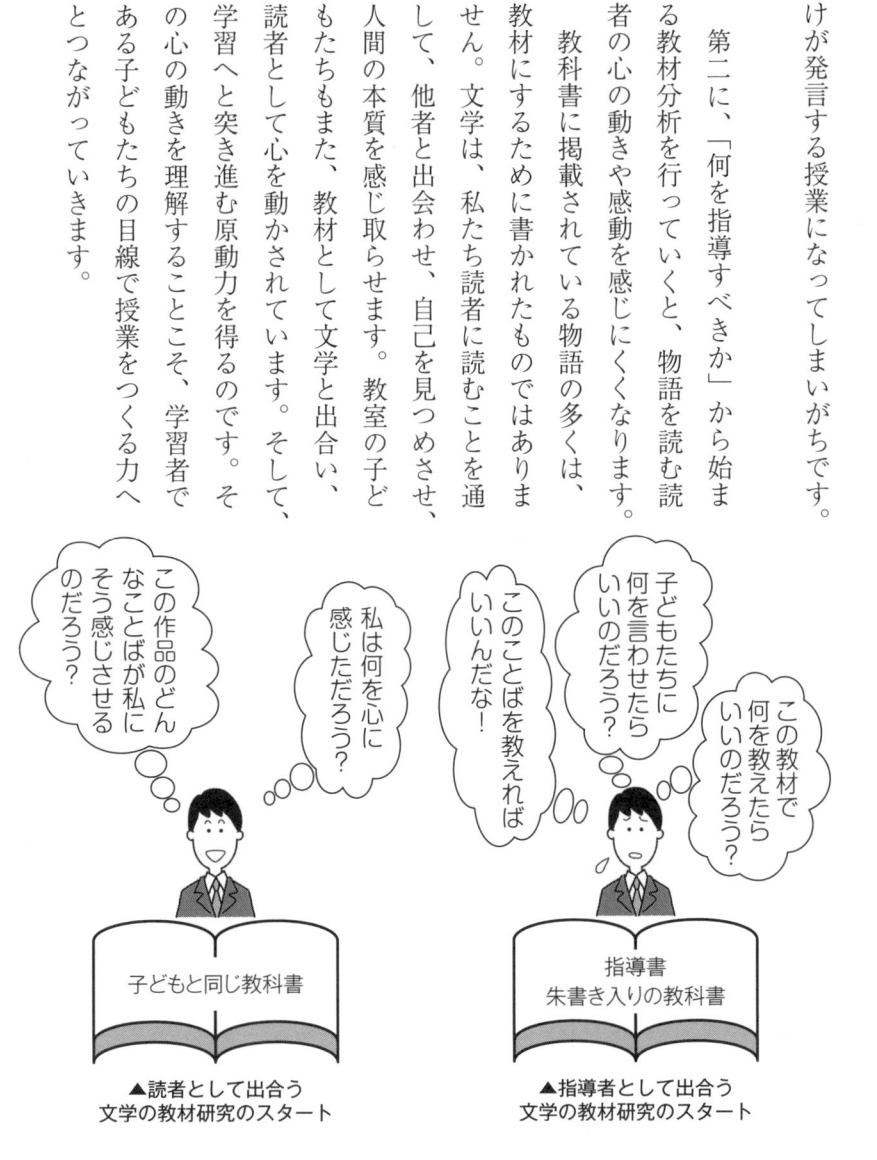

第三に、教科書の指導書任せの教材研究を続けていくことで、指導者自身の教材を分析・解釈する力を高められなくなります。

文学的な文章は、すべてのことばがつながり合い、響き合って、物語の世界を読者の頭の中に描き出します。物語を読んで生まれた一つの感情やイメージは、いくつもの文章中のことばがつながって生まれたものです。指導者自身が一人の読者として物語と向き合い、自分の中に生まれた感情やイメージがどのことばから生まれてきたものかを考え、その理由を考えていくことこそが教材を分析・解釈する力へとつながっていくのです。そうすれば、教科書の指導書に載っている重要な語句が挙げられている理由もわかるようになりますし、指導書に頼らなくても指導者自身で見つけられるようになっていきます。

教材研究のスタートは、まず一人の読者として作品を読んでみましょう。そして、心に感じたことの根拠と理由を作品の中に探していきましょう。

2 教材「モチモチの木」を読み解こう

まず、「モチモチの木」を読んでみましょう。指導者として解説付きの教材文を読むのではなく、一人の読者として物語「モチモチの木」を読みます。あなたの心にどんな感情や思いが浮かんできましたか。

「モチモチの木」を読むと、多くの読者の心の中に温かい気持ちや豆太に対する感動が湧き上がってきます。また、最後の場面から、「おもしろかった」という感想をもつ子もいることでしょう。

このことは、大人だけでなく、学習者である子どもたちも同じです。初めて「モチモチの木」を読んだ子どもたちの感想の一部をご紹介します。

Ⓐ 豆太がじさまを助けるために夜道を走ったところが心にのこりました。なぜなら、足から血が出たり、寒かったり、こわかったりしても、半道もあるふもとの村の医者様のいるところまで、なきながらじさまを助けるためにゆう気を出して行ったからです。

Ⓑ 豆太は、はじめはせっちんも一人で行くことができないくらいおくびょうだったのに、大すき

なじさまを助けるためにゆう気のある子になったところに感動しました。だけど、次の日にじさまの病気がなおったら、またおくびょうな豆太にもどったところがおもしろかったです。

Ⓒ 豆太は、とてもやさしくてゆう気があってすごいなあと思いました。はらいたのじさまのため、足から血が出たり、こわい思いをしたりしても、医者様をよぼうとするところがすごいと思いました。私だったら、ゆう気を出せなくて、外に出て夜道を走れないと思いました。豆太は、やさしいじさまが大すきなんだなと思いました。

Aの感想を書いている子は、物語の状況が大きく変化する山場の場面が心に残ったようです。また、Bの感想を書いた子は、豆太の変化について気付いています。そして、その変化にこの物語のおもしろさを感じています。Cの感想を書いた子は、自分と比べながら読み、豆太とじさまの関係についても考えているようです。

「おくびょう」だった豆太が、大好きなじさまを助けるために「勇気のある」子どもへ――、劇的に変容して行動する豆太の姿が、子どもたちの心を動かし、その後に再度物語を読んでいく原動力となっていきます。

いかがでしょうか。初めて「モチモチの木」を読んだ三年生の子たちも私たち大人と変わらないような感想をもっていると思いませんか。年齢や読書経験が違うのに同じような感想をもつのはなぜでしょうか。それは、作品の中に私たち読者にそう感じさせる「しかけ」があるからなのです。

では、なぜ多くの読者の中にこのような感動が湧き上がってくるのか、そのひみつについて教材を分析・解釈していきましょう。

「モチモチの木」の作者である斎藤隆介は、一九一七年一月二五日、東京に生まれました。明治大学文芸科に入学し、卒業後は、北海道新聞、秋田魁新報の記者を歴任します。一九四五年から一三年間、疎開先の秋田市に住み、NHKライター、わらび座演出部客員として活躍しました。

斎藤隆介の作品である「モチモチの木」が初めて出版されたのは一九六七年、理論社から出された『ベロ出しチョンマ』に収録されたものが最初でした。その後、一九七七年に岩崎書店から絵本として出版されました。教科書には、同じく一九七七年から採用されました。令和二年度版では、光村図書、東京書籍、教育出版、学校図書の四社すべてで採用されています。

(1) 主人公「豆太」の設定を読もう

中心人物である豆太の変化について考えていきます。人物の変化を考えるためには、

最初にどんな人物であったか、その「設定」を読むことが大切になります。

●「モチモチの木」は昔話？

「モチモチの木」では具体的な時代設定は語られていません。しかし、滝平二郎が作成した絵本の挿絵に着目すると、豆太やじさまが髪を後ろで結っていたり、着物のような服を着ていたりしています。また、本文でも「とうげのりょうし小屋」「表にあるせっちん」「ふもとの村までは半道ある」などの表現から、読者に民話や昔話のような印象を与えます。民話の基本的な伝承方法は口承です。特に本作品は、語り手が登場し、読者に語りかけるようにして物語が展開することから民話的な雰囲気を感じさせるのです。しかし、実際に伝承されてきた物語ではなく創作なので、本作品は「創作民話（民話風創作）」に分類されます。民話風な語りは、斎藤隆介の作品の一つの特徴です。

●豆太の年齢は？

この物語が掲載されているのは三年生の教科書ですが、三年生の子どもたちは、読んでいるうちに豆太に感情移入してしまい、豆太が自分たちと同じくらいの年齢だと思ってしまうことがあります。

豆太は、いくつの子どもでしょうか。物語の冒頭に「もう五つにもなったんだから」とあります。「だから、五歳の子どもだろう」と思うのは当然ですが、この物語の昔話のような雰囲気や語り手の年齢のイメージからすると、年齢を数え年で考えている可能性があります。そうすると、豆太の年齢は、現在の満年齢の考え方でいけば、四歳である可能性があります。四歳といえば、幼稚園では年中の時期。子どもたちには、豆太が幼稚園の年少か年中ぐらいの子どもであると説明すれば、イメージができやすく、その後の「おくびょう」についての考え方も変わってくるでしょう。

●豆太の境遇は？

「とうげのりょうし小屋に、自分とたった二人でくらしている」という箇所から、豆太は、じさまと二人暮らしをしていることが分かります。

豆太のおとうは、くまと組みうちして死んでしまったと語られています。

母親が不在の理由は明示されていませんが、子どもたちに尋ねると、「病気か何かで亡くなったのではないか」と考える子も少なくないようです（学級の子どもたちの家庭の状況を踏まえたうえで取り扱い方を考える必要があります）。

四、五歳の子どもが、両親と一緒に暮らすことができないということは、どれほどつらく寂しいことでしょう。いや、もしかすると、豆太は物心ついたときから両親の存在について意識せずに成長してきたのかもしれません。
そう考えると、豆太にとって唯一の家族であるじさまの存在がどれほど大きいものかを想像することができます。じさまは、豆太にとって父親や母親のような存在であり、いつでもそばにいてくれて甘えられる存在なのです。

●豆太たちは、どうやって生活しているの?

じさまと豆太は、質素な生活をしているようです。それは、布団が一枚しかないこと（この布団も現代のような綿の入ったようなものではないでしょう）や、住んでいるところが小屋であることからイメージされます。

では、どのようにして生計を立てているのでしょう。物語では秋にモチモチの木の実を餅にして食べることが紹介してありますが、主な仕事としては「りょうし小屋」「くまと組みうち」「青じしを追っかけて」という表現から、猟をして生活していることがうかがえます。そのために、人里離れたような峠（山道の登り詰めたところ）に住み続ける必要があったのでしょう。じさまもおとうも猟師であることから、豆太は猟師の家系に生まれ、本来ならば、将来は猟師になることが期待される存在のはずです。

おとうとじさまは、熊と組みうちしたり、六十四の今でも青じし（かもしか）を追いかけたりと、とてもたくましく勇ましい人物像で描かれています。

そんなおとうやじさまの姿と豆太の姿が対比的に描かれることで、豆太の「おくびょうさ」が際立ってくるのです。

●豆太は「おくびょう」か？

物語の冒頭部分には、「もう五つにもなったんだから、夜中に、一人でせっちんぐらいに行けたっていい」と書かれています。この言葉は、物語の登場人物によって語られたものではなく、語り手の豆太に対する思いであると読み取れます。

語り手が、豆太の幼さ、弱さにどこかあきれるように、「豆太ほどおくびょうなやつはない」や「五つになって『シー』なんて、みっともないやなぁ」と語ることで、読者の子どもたちも、豆太の臆病さを批判的に感じることがあります。

しかし、現代の感覚で見ると、四、五歳の子どもが、明かりもない真っ暗な夜中に、外にあるトイレに一人でいくことは容易でしょうか。

豆太の生活環境を再び思い出してみましょう。豆太が住むりょうし小屋は、峠にあるうえ、麓の村までは半道もかかるような場所です。当然、周りに他の家などありません。また、熊と戦ったり鹿を追いかけたりするような場所にあり、いつ、熊のような動物に遭遇するとも限りません。豆太のしょんべんにつきあってくれているときのじさまの言葉にも、「おく山じゃぁ、しかやくまめらが、鼻ぢょうちん出して、ねっこけてやがるべ」とあります。

そんな環境の中で、四、五歳の男の子が、表のせっちんに、しかも夜中に一人で行けるかというと、どうでしょう。そこで、恐怖心が芽生えてもおかしくはないでしょうし、大きなモチモチの木がお化けに見えることだって不自然ではありません。命のない事物に命や意志があるかのように、擬人化して考える傾向は、幼児期の特徴の一つであり、誰にでも経験のあることでしょう。

この物語の舞台が現代ではないこと、豆太は猟師の家系に生まれ、じさまやおとうの血を引く子であり、勇敢さが求められる厳しい立場にあることを理解しておく必要があります。

三年生の子どもたちにも豆太の年齢や生活している環境などをイメージさせ、「自分が四、五歳のときだったら」「今の自分だったら」と考えさせることで、「おくびょう」で自信のない豆太を語り手と同じように批判的に見るのではなく、応援するように読んでいくことでしょう。

●昼間の豆太の姿から見えてくるものは?

物語の中では、昼間の豆太の姿も描かれています。昼間の豆太は、夜をとても怖がっている豆太とは対照的な印象を受けます。

昼間の豆太は、とても強気で元気な子であることが分かります。それは、自分より大きくそびえたつモチモチの木に対して、「やい、木ぃ、モチモチの木ぃ、実ぃ落とせぇ。」と下で足踏みして、威張って催促する姿からイメージされます。

なぜ、昼間の豆太の姿が描かれる必要があるのでしょうか。もし、昼間の豆太の様子が描かれていなかったら、と考えてみましょう。そこから読者に与えるイメージの効果は、次の三点です。

一点目は、豆太が怖がっているのが夜のモチモチの木であることが分かることです。昼間の豆太の姿がなければ、読者は豆太がモチモチの木そのものに対して恐怖心を抱いているように感じてしまいます。昼間のモチモチの木に対して威張って催促する豆太の姿からは、モチモチの木に対する恐れは感じられません。豆太が怖がっているのは、夜の闇であり、その闇の中でモチモチの木が自分を脅かしているように感じてしまうことだということが分かります。

読者が、夜のモチモチの木に対して豆太に恐怖感があることを知ることで、後の場面で夜中に山道を一人で走る豆太の「勇気」とつなげて考えることができるのです。

二点目は、強くありたいという豆太の願いが感じられることです。昼間の豆太の姿がなければ、いつでも豆太は臆病で、気の弱いまま生活している子のようにイメージしてしまいます。しかし、昼のモチモチの木に威張って催促する姿が夜の姿と対照的に描かれることで、本当は強くありたいという豆太の願いが読者に感じられるのです。

三点目は、豆太にとってモチモチの木が特別な存在であることが感じられることです。豆太にとってモチモチの木は、秋になるとほっぺたが落ちるほどおいしい餅になる木の実をふり落としてくれる大切な木です。また、モチモチの木という名前も豆太がつけています。四、五歳の子どもが自然のものに名前をつけることは、それだけそのものに何かしらの愛着をもっていることを示すものでもあります。ものに名前をつけることで、それを擬人化し、自分にとっての存在価値を高めているのです。それは、豆太がモチモチの木に話しかけていることからも分かります。

豆太にとって、このモチモチの木は他の木々とは違う特別な存在のようです。じさまと二人きりの生活の中で、遊び相手になってくれる、どこか友だちのような存在でもあり、いつもそばにありながらも畏れを感じてしまうような存在だったのかもしれません。

●豆太は自分を臆病だと思っているの？

では、豆太自身は、自分のことを臆病だと思っているのでしょうか。

霜月二十日の晩の話をじさまから聞いたときの豆太の言動に着目してみましょう。

豆太は、じさまから、おとうやじさまも見たモチモチの木にともる灯を「起きてて見てみろ。」と言われます。しかし、それを見られるのは、一人の子どもだけで、勇気のある子どもだけだと聞いた豆太は、すぐに「——それじゃぁ、おらは、とってもだめだ——。」と「ちっちゃい声で、なきそうに」言うのです。

さらに、その後、冬の真夜中に一人で外に見に出ることを考えるだけで、「とんでもねえ話だ。ぶるぶるだ。」と語り手によって豆太の心中が語られます。そして、豆太は自分には無理

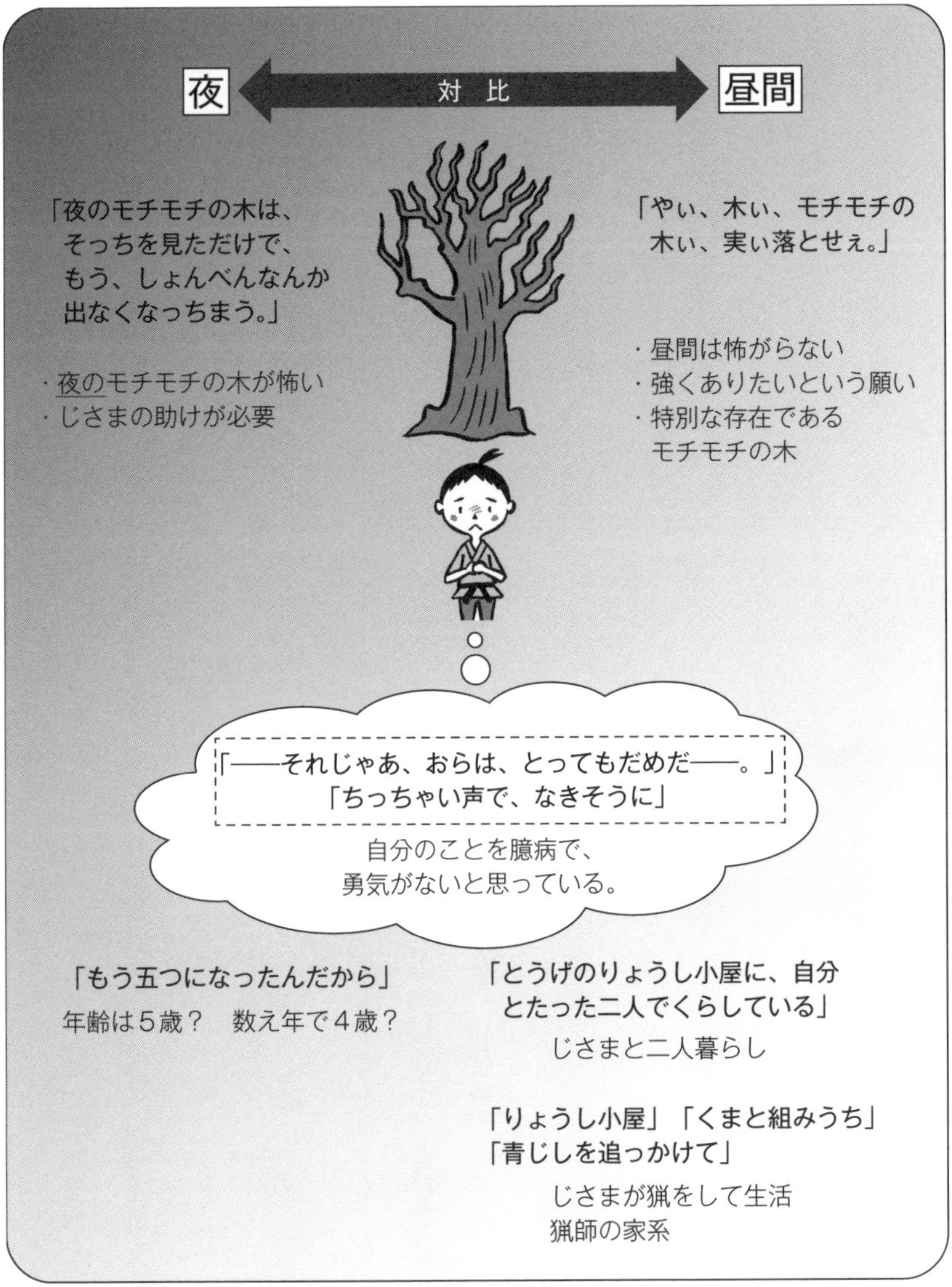
夜
対比
昼間
「夜のモチモチの木は、
そっちを見ただけで、
もう、しょんべんなんか
出なくなっちまう。」
・夜のモチモチの木が怖い
・じさまの助けが必要
「やぃ、木ぃ、モチモチの
木ぃ、実ぃ落とせぇ。」
・昼間は怖がらない
・強くありたいという願い
・特別な存在である
モチモチの木
「――それじゃあ、おらは、とってもだめだ――。」
「ちっちゃい声で、なきそうに」
自分のことを臆病で、
勇気がないと思っている。
「もう五つになったんだから」
年齢は５歳？　数え年で４歳？
「とうげのりょうし小屋に、自分
とたった二人でくらしている」
じさまと二人暮らし
「りょうし小屋」「くまと組みうち」
「青じしを追っかけて」
じさまが猟をして生活
猟師の家系

だと決め込んであきらめ、宵の口から布団にもぐり込んでしまいます。

これらの言動から、豆太が、じさまやおとうのような逞しい人になりたいとどこか憧れを抱きながらも、自分には勇気がないことを自覚していることや自分が怖いと感じているものを克服することに対して無理だとあきらめていることが分かります。

（2）豆太の変容を読もう

豆太の「設定」を読んだら、次は、豆太の変容について考えてみましょう。どこで変わったか、どのように変わったか、なぜ変わったかなどの観点から、作品を読み直してみましょう。

●豆太は恐怖に打ち克った？

最初の児童の感想にもあったように、読者は、豆太のいざとなったら勇気を出して行動する姿に感動します。

しかし、豆太は夜のモチモチの木をあんなに怖がっていたはずなのに、どうしてそれを克服することができたのでしょう。豆太は、恐怖に打ち克ったのでしょうか。

第四場面「豆太は見た」の豆太の心の動きを見てみましょう。

真夜中にじさまが苦しむ場面から物語は大きく展開します。ここで、豆太が二度じさまを呼びますが、どう違うのでしょうか。

一度目の「じさまぁっ。」は、その後の「むちゅうでじさまにしがみつこうとした」という叙述から、じさまの苦しむ声を「くまのうなり声」だと思った豆太が、じさまに助けを求めるような気持ちで呼びかけています。

しかし、そのうなり声の主がじさまだとわかった瞬間、豆太は「じさまっ。」と驚きとじさまの身に何が起こったのかが分からない恐怖とで、じさまに飛びつくのです。

じさまは、飛びついた豆太の勢いに、力なく畳に転げ、ますます苦しみます。それを見た豆太が考えたのは、「医者様をよばなくっちゃ。」ということでした。そして、麓の村の医者様の元に向かって走り出します。

そこに、豆太の迷いや葛藤はあったのでしょうか。

豆太に迷いはなかったでしょう。「小犬みたいに体を丸めて、表戸を体でふっとばして」「ねまきのまんま。はだしで。」という言葉から、豆太の行動が衝動的なものだということが分かります。つまり、豆太は考えるよりも先に行動しただけなのです。

本場面を取り扱った実践で、豆太の心情が恐怖心とじさまを助けたい気持ちとで揺れ動いているように話し合わせる授業場面を見たことがあります。しかし、豆太の心は揺れてはいません。そんな悠長な場面ではないのです。じさまを助けたい一心で、恐怖を感じる前に、豆太は走り出しました。この場面で豆太の心に葛藤が生じたと考えるかどうかで、最後の場面の「やさしささえあれば、やらなきゃならねえことは、きっとやるもんだ。」の解釈は変わってきます。豆太は恐怖に打ち克ったのか—、と聞かれると、この瞬間までは「打ち克っている」とは言えそうにありません。

●豆太が怖さを感じたのはどこで?

では、豆太が怖さを感じたのは、どこでしょう。

それは、医者様を目指して山道を走って下っている途中だと考えられます。

小屋を飛び出した豆太の目の前に広がっていたのは、星々や月の光る夜空でした。そのことを語り手が、豆太の視点から語っています。無我夢中で小屋を飛び出した豆太は、ようやく周りの状況を理解します(小屋の外が真っ暗な夜の闇ではなく、「すごい星」だったという点も豆太が神様のような存在に見守られているような印象を与えます)。

豆太は、足から血を流しながら、泣き泣き走ります。「いたくて、寒くて、こわかったから」です。ここで、豆太が怖さを感じていることがわかります。

「いたくて、寒くて、」というのは、霜の冷たさが足の痛みとなって感じられ、裸足で走っているために山道で怪我をしたのでしょう。「霜が足にかみついた」「足からは血が出た」という表現から、霜柱の上を走ってけがをしていると考える子も少なくないようです（霜と霜柱は厳密には違い、霜柱の上をはだしで走れるかは難しいところですが……）。

ともかく、ここで大切なのは、一面に霜が降りているという点です。霜は、地表が零度以下になり、気温が二度から四度ぐらいの状態にならなければできません。豆太は、氷の上を走っているのと同じような状態なのです。霜月は、旧暦の十一月のことであり、現在でいうと、十二月となります。その真夜中（「丑三つ」は午前二時頃）に、豆太は裸足で半道（約二キロメートル）走ります。霜をあまり見たことがない子どもたちには、霜が降りる条件について補足説明することが必要でしょう。「いたくて、寒くて、こわかったから」の「こわかった」というのは、物語の冒頭から語られている夜の闇に対する恐怖でしょう。それは、その後にある「でも、大すきなじさまの死んじまうほうが、もっとこわかった」という言葉との比較で分かります。

●豆太はどれほど怖いと思った？

では、夜の山道を走る豆太の恐怖はどれほどだったのでしょう。それを正確に測ることはできませんが、「いたくて、寒くて、こわかったから」という表現から考えてみることはできます。「いたくて、寒くて、こわかったから」という表現では、痛さと寒さと怖さが並列に扱われています。つまり、今まさにじさまの生死をかけて夜の山道を走る豆太にとって、夜の闇に対する恐怖は、足に感じる痛みや体に感じる寒さと変わらないぐらいだったということではないでしょうか。

それよりも、豆太にとっての最大の問題は、唯一の家族である大好きなじさまが死んでしまうかもしれないということであり、そこに不安や恐れを感じながら、足が痛くても、体中が寒くても、そして夜の闇が怖くても走り続けたのでしょう。

本文中では、「いたくて、寒くて、こわかったからなぁ」と「大すきなじさまの死んじまうほうが、もっとこわかったから」というように、同じ「こわかった」という表現になっていますが、その「こわさ」の質は同じでしょうか。

このような場合、他の言語で使い分ける言葉がないかを考えていくとヒントが見つかることがあります。英語には、恐怖の意味合いだけでなく、よからぬ事態が起こるのではという「恐れ」（不安・心配）の意味を表す［afraid］という単語があります。また一方で、恐怖で「怯えて縮み上がった」ような状態を表す［scared］という単語もあります。一見同じように見える状態でも言葉の使い方の違いを知ることで、見え方が違ってきますね。

では、ここで再び考えてみましょう。豆太は恐怖に打ち克ったのでしょうか。豆太は、自分の中にある恐怖心と対峙し、葛藤したと言えるでしょうか。一切の迷いがない豆太の行動――、それは自らの恐怖と戦った姿ではなく、愛する人を失うかもしれないという「恐れ」や、またその人を助けたいという一心から、思わず、ためらうことなく行動している姿でした。もっと言えば、豆太は大好きなじさまを失うことになるかもしれないという「恐怖」によって行動したのです。そして、その姿こそが、最後の場面の「やさしささえあれば、やらなきゃならねえことは、きっとやるもんだ」というじさまの言葉へとつながっていくのでしょう。

●なぜ豆太はじさまが死ぬことが怖い？

どうして豆太は、じさまが死ぬのが怖いのか――、授業をしていると、必ずと言っていいほどぶつかる問題です。「夜の闇や夜のモチモチの木に対する恐怖」と「じさまを失う恐怖」とを比べて、なぜ「大すきなじさまの死んじまうほうが、もっとこわい」のでしょうか。

なかには、「お世話をしてくれていたじさまがいなくなることで、面倒を見てくれる人がいなくなって自分（豆太）が生活できなくなるから」と答える子も出てきます。まだ甘え盛りで、身内を失った経験もなく、死を理解できない三年生の子どもたちにとっては、素直な反応でしょう。そのような反応が出てくる要因の一つに、物語の中でじさまに対する豆太の思いが語られていないことが挙げられます。二人には、心の強い結びつきがあるはずなのですが、じさまの豆太に対する思いが少しだけ語られる一方で、豆太の思いは語られず、じさまの行為に対して甘えている姿しか描かれません。

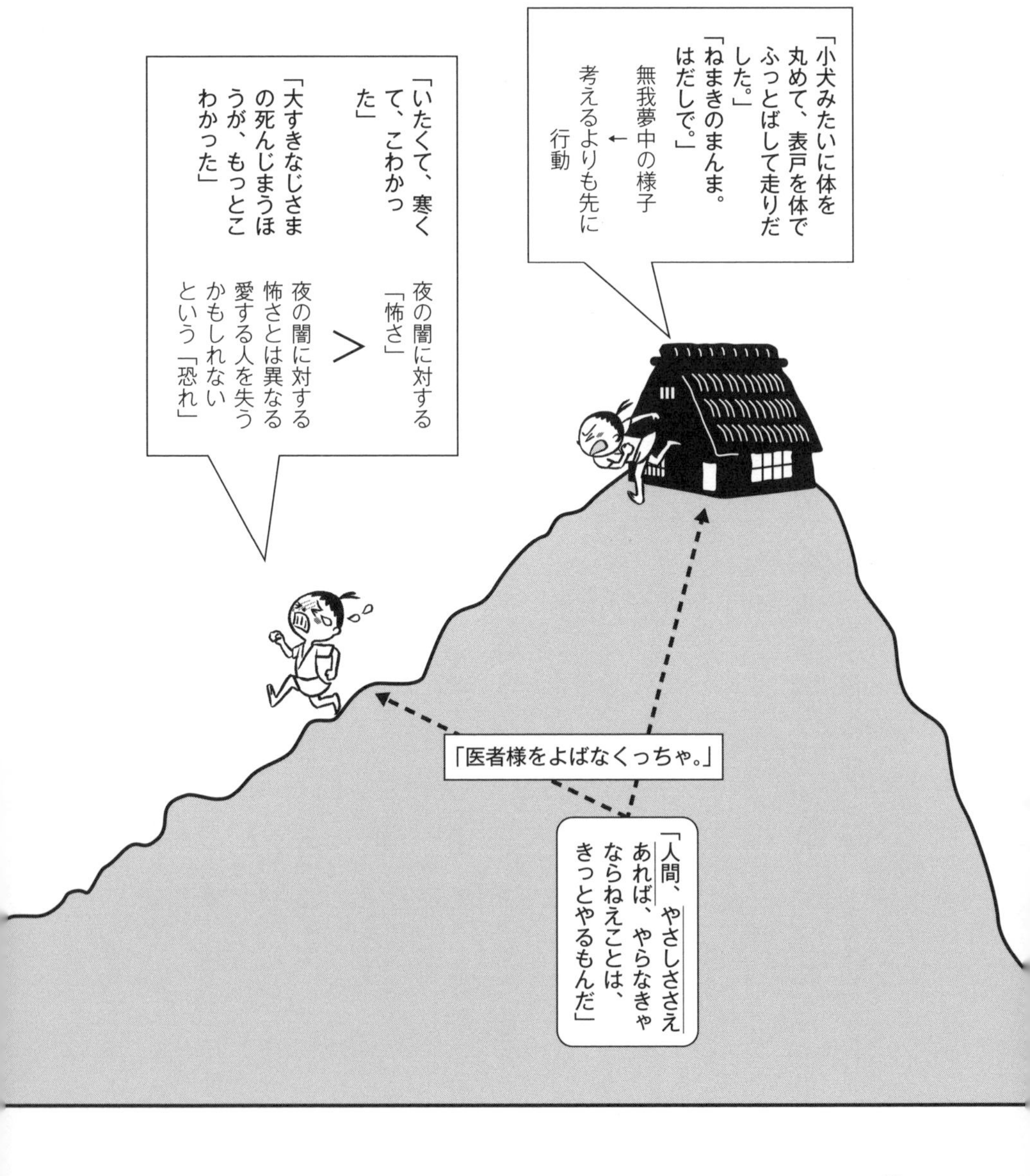
「小犬みたいに体を丸めて、表戸を体でふっとばして走りだした。」「ねまきのまんま。はだしで。」

無我夢中の様子 ← 考えるよりも先に行動
「いたくて、寒くて、こわかった」

夜の闇に対する「怖さ」

「大すきなじさまの死んじまうほうが、もっとこわかった」

＞

夜の闇に対する怖さとは異なる愛する人を失うかもしれないという「恐れ」

「医者様をよばなくっちゃ。」

「人間、やさしささえあれば、やらなきゃならねえことは、きっとやるもんだ」

そこで、第四場面の豆太の変化を読む前に、二人の関係、心のつながりについてしっかりと考えさせておく必要があるでしょう。

そして、第四場面では、夜道を走る豆太の率直な思いを吹き出しに書かせたり、もしじさまが死んでしまって、「じさまの死後に他の人に面倒を見てもらうことになったら」「もし自分の身内がじさまで、自分が豆太だったら」などのような話合いをさせたりすることで、豆太の思いに迫らせることができるでしょう。

●最後の一節が感じさせるものは?

物語の最後は、次のように締めくくられます。

「――それでも、豆太は、じさまが元気になると、そのばんから、

『じさまぁ。』

と、しょんべんにじさまを起こしたとさ。」

この一節があることで、様々なことを読者は感じ取ることができます。

まず、浮かんでくる疑問が、「おくびょう」だった豆太は変わったのか、ということです。相変わらずな豆太の様子に読者の意見も分かれます。

「変わった」という意見の子どもの多くは、「行動は変わってないけど、心が変わっている」のように、自信や自覚の変化を理由に挙げて考えているようです。霜月二十日の晩に医者様の元へ走って、じさまを助けたことや真夜中に外へ出ることができたこと、モチモチの木に「灯がともった」のを見られたこと、それらの経験は確実に豆太の自信になっているはずだと言います。また、腹痛が治ったじさまに、「おまえは、一人で、夜道を医者様よびに行けるほど、勇気のある子どもだったんだからな」と言ってもらって、自分の中にも勇気があることに気付くことができたと考えるのかもしれません。

では、「変わっていない」と考える子どもたちは、どうでしょう。その理由の一つは、豆太の「行動」が変化していない点です。物語の最初に出てくる「じさまぁ」という豆太のじさまへの（甘えたような）呼びかけと同じ言葉が書かれることで、豆太の「おくびょう」は変わっていないと考える子どもも少なくありません。

では、豆太には最初から勇気を引き出す「やさしさ」があったと考えるのはどうでしょうか。じさまの言葉を借りれば、豆太は初めから「勇気のある子どもだった」のです。

先述したように、豆太は大好きなじさまを助けたい一心で、迷うことなく行動しただけで、夜のモチモチの木への恐怖と闘ったわけではありません。「変わっていない」と考える子たちの中には、豆太が自身の中にある勇気を自覚したというような意識のレベルではなく、豆太には最初から人のために行動できる「やさしさ」があり、「変わっていない」と判断した可能性もあります。

次に感じるのが、なぜ最後の一節を加える必要があるのかという疑問です。もし最後の一節がなかったら、読者には、豆太がたった一日の出来事で、目に見えるほどの大きな成長をしたように感じてしまいます。

しかし、人間がそんなに簡単に変われるものでしょうか。むしろ、なかなか変化しないところに人間らしさが感じられるとともに、行動の変わらない豆太を描くことで、豆太の中の大人への成長の小さな芽生えを読者に感じさせます。

また、最後の一節があることで、子どもたちも豆太への共感を強めます。

豆太は、四、五歳の子どもとして描かれていますが、現代の三年生の子どもの中には、豆太に自分と重なる部分を多く感じる子も少なくないでしょう。豆太の置かれた特殊な状況の中に、もし自分が立たされたら、果たして「おくびょう」ではない子どもでいられるか――。読者の子どもたち一人一人にも普段の生活の中で、怖いもの、逃げ出したいことがあるはずです。そんな子どもたちは、スーパーヒーローのように行動できた豆太の変わらない様子を見て、安心します。「勇気」は「やらなきゃならねえこと」をやるときに、出せればいいのです。

そして、じさまの「やさしささえあれば」という言葉が、自分への言葉として響きます。

子どもたちに「行動が変わらない豆太はダメな子か」と尋ねてみると、子どもたちは全員、「ダメな子ではない」と答えます。そして、豆太に大きな成長の可能性があることを語ります。

子どもたちは、豆太に語りかけながら、自分自身へ語りかけているのです。

（3）対人物「じさま」の人物像を読もう

豆太の叙述を中心に中心人物である豆太の変化について考えてきましたが、中心人物や状況の変化は、出来事との遭遇や別の人物（対人物）との関わりがあって起こります。教材の分析・解釈では、中心人物に変化をもたらす対人物の分析も大切です。本作品における豆太の対人物であるじさまの人物像についても考えてみましょう。

●じさまは豆太をどう思っている？

じさまは、物語の時間で六十四歳ですが、猟師として現役であり、「青じしを追っかけて、きもをひやすような岩から岩へのとびうつり」もできるほど、元気な人物として描かれます。豆太と二人で暮らし、真夜中に豆太をしょんべんに連れて行く様子や昼間の様子の挿絵からは、じさまが二人の生活の全てを担っているように感じられます。

そして、じさまの行動は、豆太への慈愛を読者に感じさせます。じさまは、「ぐっすり」眠っている真夜中に、豆太が「じさまぁ」とどんなに小さな声で呼びかけても、「すぐ」目を覚まして「くれる」と語り手は語っています。じさまは、なぜそのように行動するのでしょうか。

その理由の一つとして語り手は、直後にじさまの思いを代弁するかのように、「いっしょにねている一まいしかないふとんを、ぬらされちまうよりいいからなぁ」と語ります。確かに、「一まいしかないふとんを、ぬらされ」ると、じさまにとって大変困ることになるでしょう（ここは、生活の状況を読者に理解させる箇所でもあります）。しかし、それが一番の理由でしょうか。「くれる」という補助動詞は、豆太の立場から見たじさまの行為の表現であり、豆太に対するじさまの思いを読者に感じさせます。じさまが自分本位の理由で嫌々起きているとすれば、「目をさます」や「目をさましてやる」というような表現になってもおかしくないでしょう。その後の真夜中にしょんべんをさせる場面でも、じさまはしゃがんだ膝の中に豆太を抱えながら、豆太に気をそらさせるために、「ああ、いい夜だ。星に手がとどきそうだ。おく山じゃぁ、しかやくまめらが、鼻ぢょうちん出して、ねっこけてやがるべ。それ、シイーッ」と「必ず」言って「くれる」のです。

また、語り手はもう一つの理由について、行を変えて、「それに、とうげのりょうし小屋に、自分とたった二人でくらしている豆太が、かわいそうで、かわいかったからだろう」と、推測するように語ります。「とうげのりょうし小屋」からは、人里離れた峠の「小屋」で質素に暮らしていることが分かり、数量が少ないことを強調する副詞の「たった」という表現は、二人だけで暮らすことを不憫に思うじさまや語り手の豆太への思いを感じさせます。文中には、じさまが豆太のことをどのように思っているのかは明示されませんが、読者は語り手の語りによって感じ取ることができるのです。「かわいそうで、かわいかった」というのは、その直後に語られる二人で暮らす背景に「おとう」の死があるからであり（同時に母親の不在も意識させられます）、両親のいない豆太を不憫に思う気持ちや、息子（豆太の父）を失った悲しみから、じさまが豆太のことを心の底から愛おしく感じているのだと読むことができます。

では、豆太はじさまのことをどのように思っているのでしょうか。豆太のじさまに対する思いは本文中には明示されず、前半はじさまに一方的に甘える豆太の姿が描かれます。本文中に豆太のじさまへの思い（「やさしさ」）が明らかにされていないことによって、クライマックス場面で見られる豆太の劇的に変化した姿に読者は驚き、最後のじさまの語る言葉の意味を感じ取ることができるのです。

●じさまの言う「やさしさ」とは？

最後の場面で、じさまは豆太に、「おまえは、一人で、夜道を医者様よびに行けるほど、勇気のある子どもだったんだからな。自分で自分を弱虫だなんて思うな。人間、やさしささえあれば、やらなきゃならねえことは、きっとやるもんだ」と語ります。じさまの言う「やさしさ」とは、何でしょうか。

「やさしさ」の表現は、人それぞれ、場面によって異なります。例えば、「プレゼントを買ってあげる」「困っている相手に声をかける」「あえて厳しく叱る」などです。豆太の場合は、腹痛で苦しむじさまを見るとすぐに、無我夢中で医者様を呼びに行くという行動をしました。これらの「やさしさ」の根底に共通する思いとは何でしょうか。それは、相手のことを純粋に、真剣に思う心です。その心が、自分のことを顧みずに相手のために行動する力へとつながることをじさまは伝えようとしているのでしょう。

「モチモチの木」に見られるような「やさしさ」は、斎藤隆介の作品の特徴の一つですが、そのような「やさしさ」を、安易に「自己犠牲」という言葉に置き換えて指導することは危険です。子どもたちに対して、教訓的に、他者のために自分を犠牲にすることがいいことなのだという考えを暗に植え付けてしまう可能性があることを教師は意識しておく必要があります。

●じさまの腹痛は演技?

モチモチの木を読んでいると、子どもの中には「じさまは、豆太を試したんじゃないの?」「本当はお腹が痛くないんじゃないの?」「なぜこの日に限って急にお腹が痛くなって、次の日には嘘のように治っているの?」といった疑問が出てくることがあります。これらのような発言をする子どもは、ふざけているのでしょうか。いえ、そうではありません。大人と違って固定的な見方に囚われず、物語を素直に読んでいるからこそ、感じられる疑問だと思われます。

では、なぜ子どもからこれらのような疑問が出てくるのでしょうか。それは、じさまの腹痛の状況ができすぎているからです。じさまは、霜月二十日の当日になって、豆太に山の神様の祭りがあることを伝えます。「――それじゃぁ、おらは、とってもだめだ――」という豆太の反応から、これまでじさまが山の神様の祭りについて豆太に話したことはなく、この日になって急に言い出したことが分かります。しかも、夜中に一人でしょんべんにも行けない豆太に、あのやさしいじさまが「起きてて見てみろ」と言うのです。そして、最後には「それは、一人の子どもしか、見ることはできねえ。それも、勇気のある子どもだけだ」と、わざわざ「勇気のある子ども」という言葉を出して語ります。ここから、じさまが豆太に勇気を出させようとしていると読むこともできます。その後、真夜中に突然、じさまに激しい腹痛が起きます。六十四歳の今でも、「青じしを追っかけて、きもをひやすような岩から岩へのとびうつり」もできるような元気なじさまが、この日に限ってもだえ苦しむような腹痛に襲われるのです。さらに、次の朝にはそのひどかった腹痛はよくなり、医者様が帰った後で、元気になったじさまが「おまえは、山の神様の祭りを見たんだ。モチモチの木には、灯がついたんだ」と、医者様と違ったことを豆太に語ります。

山の神様の祭りへとつながる偶然がこのように重なってくると、できすぎているような気もしてきます。このような状況から、「じさまの腹痛は、豆太に勇気を出させるための演技だったのではないか」と読む子どもも出てくるのです。

じさまの腹痛が演技ではないと否定する決定的な根拠となる叙述は、文章中にはありません。

「ぐっすりねむっている真夜中に、豆太が『じさまぁ。』って、どんなに小さい声で言っても、……すぐ目をさましてくれる。」
「じさまは、かならずそうしてくれるんだ。」

・「一まいしかないふとんを、ぬらされちまうよりいいから」?

・「豆太が、かわいそうで、かわいかったから」?

「青じしを追っかけて、きもをひやすような岩から岩へのとびうつり」
・年齢は64歳。現役の猟師。
・２人の生活の全てを担っている?

○じさまの腹痛は、本当か?演技か?
・状況ができすぎている?
・じさまの人物像に合わない?

○じさまは、豆太のことを臆病で困った子どもだと考えているのか?

では、読者はどのようにして判断しているのでしょうか。それは、「演技だった」、「本当に腹が痛かった」のどちらの方が物語として「美しく感じる」のかで判断していると思われます。

じさまの腹痛が演技であった場合、じさまは豆太に嘘をついたことになります。豆太は、自分が嘘をつかれていることも知らずに、一面の霜の上を、足から血を流し、痛みと寒さと恐怖に耐えながら走ったことになります。じさまの無事を一心に祈りながら――。

前半の豆太への慈愛に満ちたじさまの人物像を知る読者にとっては、そのような苦しみや不安や恐怖をじさまが嘘をついて意図的に豆太に与えることが信じ難い気がします。そして何より、豆太の自分（じさま）を思う心（やさしさ）を「利用する」「試す」ような行動を「美しい」と感じられないのではないでしょうか。

それでも、「獅子は我が子を千尋の谷に落とす」というように、愛する豆太だからこそ、わざと試練を与えて成長させようとしたと考える読者もいるでしょう。

しかし、そこで考えたいのは、じさまは嘘をついてまで豆太に勇気のある子どもになってほしかったのかという点です。そもそもじさまは、豆太のことを「おくびょう」だと考えていたのでしょうか。最後の場面のじさまの言葉には、「自分で自分を弱虫だなんて思うな。人間、やさしささえあれば、やらなきゃならねえことは、きっとやるもんだ」とあります。この「やさしささえあればいい」というメッセージからは、豆太の成長に対するじさまの焦りのようなものは感じられません。むしろ、これまで豆太を育て、いっしょに暮らしてきた中で、豆太の中にある「やさしさ」に一番気付いていたのは、じさま自身なのではないでしょうか。じさまの腹痛が本当か、演技なのかについては、じさまが豆太のことを臆病で困った子どもだと考えているのかどうかの解釈に左右されるようです。

●どうして「モチモチの木」？

対人物ではありませんが、物語には重要な役割を担う「アイテム」が登場することがあります。例えば、「おおきなかぶ」のかぶ、「たぬきの糸車」の糸車、「一つの花」のコスモスの花、「海の命」のクエのような存在です。これらの「アイテム」は意思をもちませんが、登場人物同士の関わりや心情の変化に大きな影響を与える存在です。

この物語に登場するモチモチの木も、中心人物である豆太の心を浮かび上がらせる重要な役割を果たしています。ここでは、物語の中でモチモチの木が果たしている役割について考えてみましょう。

栃の木

モチモチの木とは、栃の木のことです。栃の木は、落葉性の高木で、樹高が二十五メートルにも成長します。葉も非常に大きく、長い葉柄の先に五枚から七枚の倒卵形の小葉を掌状につけ（掌状複葉）、全体の長さは五十センチメートルにもなります。

では、なぜ栃の木が「モチモチの木」と呼ばれるのでしょうか。モチモチの木は、豆太がつけた名前です。秋になるとできる栃の実から作る餅を栃餅（とちもち）といい、それを楽しみにしている幼い豆太は、栃餅の木をモチモチの木と呼んだのでしょう。

モチモチの木はじさまや豆太に恵みを与えてくれる存在ですが、豆太にとってその存在は、物語の中で状況によって変化します。昼間には豆太の遊び相手（子分？）のような存在であり、夜になると自分を脅かす恐ろしい存在になります。そして、霜月二十日の真夜中に見られる山の神様の祭りを、勇気のある子どもしか見られないことをじさまに教えられた後には、豆太が乗り越えなければならない「壁」のような存在となり、乗り越えた際には、初めて豆太がじさまの腕の中から離れて目にすることができた「世界」となるのです。

では、読者にとってモチモチの木はどのような存在なのでしょうか。モチモチの木があることで、読者には豆太のじさまに対する思いの強さを感じ取ることができます。

「――それじゃぁ、おらは、とってもだめだ――」と「ちっちゃい声で、なきそうに」言う豆太にとって、霜月二十日の真夜中のモチモチの木を見に外に出ることは、とても高い「壁」に感じられていました。しかし、じさまに激しい腹痛が起きる事件によって、豆太はそれを難なく越えてしまいます。また、「モチモチの木に、灯がついている」ことに気付いた豆太でしたが、見たいと思っていたにもかかわらず、喜びに浸ることなく、小屋に入ると、前半のじさまに甘える豆太の姿とは対照的な姿で、医者様の手伝いに忙しく働きます。これらのようなことから、自分のことよりもじさまの無事を強く願う豆太の純粋な思いが読者に伝わってくるのです。

●医者様の言葉は必要?

教科書や絵本では、豆太が「モチモチの木に、灯がついている」と気付く場面で、豆太の言葉とともに、大きなモチモチの木に色鮮やかな灯がともった絵が載せられます。豆太だけでなく、読者にとっても大変感動的な場面です。

しかし、ページをめくると、豆太の言葉に対して医者様が、「あれは、とちの木の後ろにちょうど月が出てきて、えだの間に星が光ってるんだ。そこに雪がふってるから、明かりがついたように見えるんだべ」と科学的に説明します。せっかくの感動的な場面なのに、と医者様の言葉に興ざめな感じを受ける読者も少なくないでしょう。この物語になぜ医者様の言葉が必要なのでしょうか。

医者様の言葉もまた、この物語で重要な役割をしています。

まず、医者様の言葉によって、この物語からファンタジーの要素が取り除かれているという点です。医者様の発言がもしなかった場合、物語の中で山の神様が姿を現したことになり、豆太の「勇気」が他者（山の神様）の力によって実現したように感じられてしまいます。医者様の言葉があることで、豆太の「勇気」が純粋に豆太の「やさしさ」から生まれたものであると捉えることができます。しかし、だからといって、山の神様の存在の全てが否定されたわけではありません。じさまの説明によると、山の神様の祭りは、一人の子どもしか見ることはできないそうです。とすると、医者様には灯がともったように見えるだけの現象に見えたとしても、豆太にだけはモチモチの木に山の神様の祭りが見えていたのかもしれません。

また、医者様の言葉によって、じさまの豆太に対する愛情も強調されます。次の朝、じさまは豆太に「おまえは、山の神様の祭りを見たんだ。モチモチの木には、灯がついたんだ」と語ります。医者様とは違う説明をするじさまの言葉から読者は、豆太の成長を喜び、豆太の中にある「やさしさ」と勇気を信じて疑わないじさまの愛情を感じ取ることができるのです。

●どうしてじさまは、山の神様の祭りを知っている？

そもそもじさまは、なぜ「山の神様の祭り」の存在や「一人の勇気のある子どもだけ」が見られることを知っているのでしょう。叙述にもありますが、山の神様の祭りをじさまも豆太の父も見ています。しかし、医者様は知りません。このことから、次のような可能性が考えられるでしょう。

一つは、豆太の生まれた猟師の家系で、言い伝えのように語り継がれているということです。語り継がれているとすれば、それは、一人前の猟師として成長するための一族の通過儀礼のように感じられます。そのように捉えると、読者にとって、豆太が山の神様の祭りを見ることが一族における義務のように捉えられ、じさまの腹痛がやはりできすぎているように感じられたり（突然の腹痛も山の神様の仕業かもしれませんが）、最後のじさまの「やさしささえあれば、……」という言葉との矛盾を感じたりしてくるでしょう。

二つは、じさまが幼い頃、偶然霜月二十日の晩に見たモチモチの木での現象を「山の神様の祭り」と名付け、豆太の父に教えたということです。そのように捉えると、医者様がどんなに科学的に現象を説明しようと、実際に子どもの頃に見たじさまや豆太の父にとっては、「モチモチの木に灯がついた」と考えることができ、じさまも自信をもって「おまえは、山の神様の祭りを見たんだ」と言ってやることもできます。

そこで、一つ疑問が湧いてきます。山の神様の祭りを見ることができるのは、なぜ「一人の勇気のある子どもだけ」なのでしょう。それは、じさまや豆太の父が見たときにも、「勇気」が必要だったからではないでしょうか。つまり、子どもの頃のじさまや豆太の父にとっても、霜月二十日の真夜中にモチモチの木を一人で見に行くことは恐ろしいことで「勇気」が必要だったということです。もしかすると、じさまや豆太の父も幼い頃は豆太のように「おくびょう」だったのかもしれません。そう考えると、「おくびょう」な豆太の様子に、じさまがあま

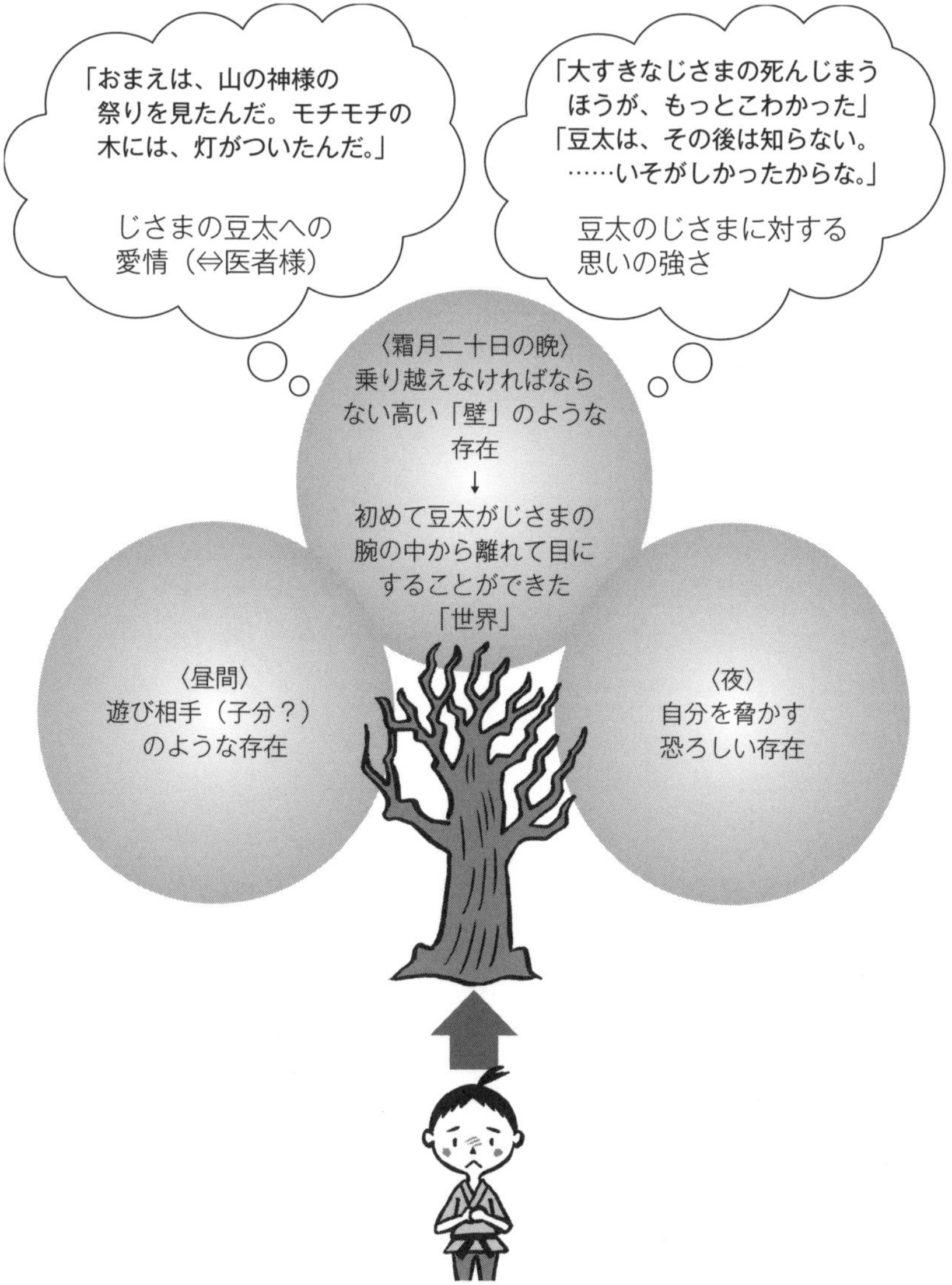
「おまえは、山の神様の
祭りを見たんだ。モチモチの
木には、灯がついたんだ。」
じさまの豆太への
愛情（⇔医者様）
「大すきなじさまの死んじまう
ほうが、もっとこわかった」
「豆太は、その後は知らない。
……いそがしかったからな。」
豆太のじさまに対する
思いの強さ
〈霜月二十日の晩〉
乗り越えなければならない高い「壁」のような存在
↓
初めて豆太がじさまの腕の中から離れて目にすることができた「世界」
〈昼間〉
遊び相手（子分？）のような存在
〈夜〉
自分を脅かす恐ろしい存在

り心配をしていないのもうなずける気がしますね。

（4）場面構成から読もう

これまで中心人物の変化、対人物などについて考えてきました。では、次に中心人物がどのような場面の構成で変化しているのかについて考えてみましょう。そうすることで、それぞれの場面の役割が見えてくるとともに、作者の巧みな構成上のしかけが見えてきます。

●起承転結

「モチモチの木」は、五つの場面に分けられます（教育出版は数字で、それ以外の教科書では、見出しが付けられています）。各場面が起承転結でどのようにつながっているかを考えると、次のようになるでしょう。

起	第一場面	「おくびょう豆太」（豆太の境遇、夜の豆太の様子＝豆太の設定） ※じさまの豆太への思い

	第二場面	「やい、木ぃ」（モチモチの木の説明、昼の豆太の様子＝豆太の設定） ※じさまの豆太への思い
承	第三場面	「霜月二十日のばん」（出来事の始まり）
転	第四場面	「豆太は見た」（豆太の変化）
結	第五場面	「弱虫でも、やさしけりゃ」（後日譚）

第一場面で、豆太の年齢や家族、生活の様子など、物語の舞台や登場人物の設定に関する重要な情報が説明されます。また、第一場面ですでにこの物語の話題の中心となる、豆太の「おくびょうさ」が説明されますが、第二場面で昼の威勢のいい豆太の様子が語られることで、第一場面から説明されている夜のモチモチの木に対する豆太の恐怖心がより強調されます。そして、後の「転」の部分につながる、じさまの豆太への思いを読者へ感じさせます。また、第二場面では、この物語の重要な「アイテム」となるモチモチの木について説明されます。そこでは、モチモチの木は単なる木ではなく、豆太やじさまにとって恵みを与えてくれる存在であることを読者は理解します。中学年段階の子どもたちに物語の読み方を身に付けさせていくうえで、この第一場面・第二場面に描かれているような物語の設定を読むことの大切さについても学習を通して実感させたいものです。

第三場面から物語が展開していきます。「今夜は」という言葉から、時間が変わって日が特定され、出来事の始まりを読者に予感させます。じさまの言葉によって、豆太と読者は山の神様の祭りについて知ることとなります。山の神様の祭りを見ることができる子どもの条件について語るじさまの言葉は、その後の「転」の部分につながる伏線となる重要なポイントです。この時点での豆太は「はじめっからあきらめて」しまいます。

第四場面は、物語の山場であり、事件が発生して状況が一転するとともに、豆太に大きな変化が起こります。このとき、設定で捉えていた「じさまの豆太への思い」に対する、「豆太のじさまへの思い」がはっきりと読者に感じ取られます。

第五場面の後日譚では、元気になったじさまが「やさしさ」について語り、「転」での豆太の変化の意味や「勇気」についてのじさまの考えが明らかにされます。

（5）語りと表現の工夫を読もう

これまで中心人物の人物像とその変容、対人物との関係、場面の構成について考えてきました。最後に、物語の中での語りや表現の工夫について考えてみましょう。

●語り手の存在

「モチモチの木」では、読者は語り手の存在を強く感じます。「モチモチの木」の語り手は、「おくびょうなやつ」「ぬらされちまうよりいいからなあ」「でっかいでっかい木だ」「うまいんだ」「もうだめなんだ」「しょんべんなんか出なくなっちまう」「そうしなくっちゃだめなんだ」など、民話のように独特の語り口で読者に語りかけます。その語り口調から、高齢の男性をイメージする子どもたちも少なくないようです（女性である可能性も大いにあります）。

また、語り手の存在を意識できていないと、高齢の男性というイメージから、じさまが語っていると勘違いしてしまう子どもも出てきます。そうすると、「全く、豆太ほどおくびょうなやつはいない」などの表現をじさまの豆太に対する思いであるかのように捉えてしまうことになるため、授業の早い段階で語り手の存在について確認しておくことが必要です。

「モチモチの木」の語り手は、「全く、豆太ほどおくびょうなやつはいない」「もう五つにもなったんだから、夜中に、一人でせっちんぐらいに行けたっていい」「それなのに、どうして豆太だけが、こんなにおくびょうなんだろうか――」「五つになって『シー』なんて、みっともないやなぁ」のように、豆太に対して、非常に厳しい見方をしています。語り手は、豆太のことを「おくびょう」で「みっともない」子どもだと本当に蔑んでいるのでしょうか。

語り手は、語り始めから物語の結末を知っています。最後に豆太へ語りかけるじさまの言葉も知っていて、じさまの言葉もまた語り手を通して語られます。また、第三場面では、豆太の

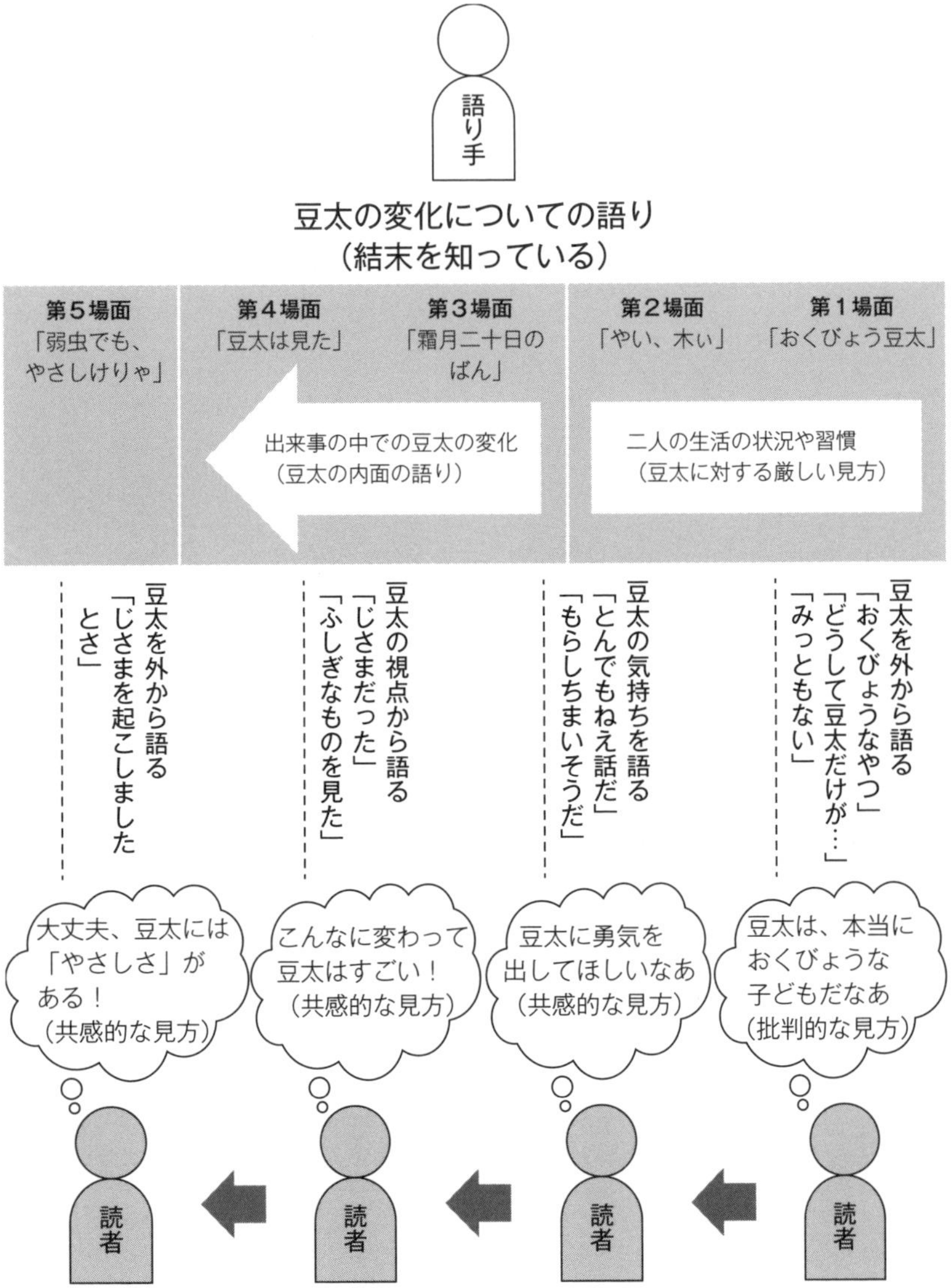
語り手
豆太の変化についての語り
（結末を知っている）
第５場面
「弱虫でも、やさしけりゃ」
第４場面
「豆太は見た」
第３場面
「霜月二十日のばん」
第２場面
「やい、木ぃ」
第１場面
「おくびょう豆太」
出来事の中での豆太の変化
（豆太の内面の語り）
二人の生活の状況や習慣
（豆太に対する厳しい見方）
豆太を外から語る
「おくびょうなやつ」
「どうして豆太だけが…」
「みっともない」
豆太の気持ちを語る
「とんでもねえ話だ」
「もらしちまいそうだ」
豆太の視点から語る
「じさまだった」
「ふしぎなものを見た」
豆太を外から語る
「じさまを起こしましたとさ」
豆太は、本当におくびょうな子どもだなあ
（批判的な見方）
豆太に勇気を出してほしいなあ
（共感的な見方）
こんなに変わって豆太はすごい！
（共感的な見方）
大丈夫、豆太には「やさしさ」がある！
（共感的な見方）
読者
読者
読者
読者

心の中を語り、第四場面では「むちゅうでじさまにしがみつこうとしたが、じさまはいない」というように豆太の視点から語ります。語り手は、豆太に寄り添い、豆太に対するじさまと同じような温かい眼差しをもっているのです。

物語は、第二場面まで「すぐ目をさましてくれる」「石うすでひいてこなにする」「豆太はもうだめなんだ」のように、二人の生活の状況や習慣などが語られ、過去の出来事を語る「――した」「――だった」ような表現は第三場面以降からしか見られません。そのことにより、読者には、冒頭から物語が「今」進行しているかのように感じられます。そして、語り手も豆太に対して「今」批判的な見方をしているかのように読んでしまうのです。物語が「おくびょうな子どもだった」のように「過去のこと」として始まったのでは、読者はすぐに「その後は違うんだな」というように受け取ってしまいます。冒頭から語り手の「おくびょう」「みっともない」などの豆太に対する厳しい見方を印象付けられることで、読者には第四場面の豆太の行動の変化がよりドラマチックにイメージされることになります。

また、語り手の豆太に対する厳しい見方は、じさまの豆太に対する愛情に満ちた行動や言葉を対照的に際立たせ、じさまのやさしさや大らかさを感じさせる「しかけ」にもなっているのです。

●「じさまぁ。」

「モチモチの木」には豆太がじさまを呼ぶ言葉が、四回登場します。

①じさまは、ぐっすりねむっている真夜中に、豆太が「じさまぁ。」って、どんなに小さい声で言っても、「しょんべんか。」と、すぐ目をさましてくれる。

②頭の上で、くまのうなり声が聞こえたからだ。
「じさまぁっ。」

むちゅうでじさまにしがみつこうとしたが、じさまはいない。

③まくら元で、くまみたいに体を丸めてうなっていたのは、じさまだった。
「じさまっ。」

こわくて、びっくらして、豆太はじさまにとびついた。

④――それでも、豆太は、じさまが元気になると、そのばんから、
「じさまぁ。」

と、しょんべんにじさまを起こしたとさ。


比較すると似た表現ではありますが、前後の文脈からその呼びかける豆太の心境は大きく異なっていることが分かります。②は、「くまのうなり声」に驚いた豆太がとっさにじさまに

「しがみつこう」とし、助けを求める言葉でしょう。③は、じさまの異変に気付いた豆太が驚き、じさまに何が起きたのか分からない恐怖に怯えた言葉だと思われます。①と④の表現は全く同じであり、状況も似ていますが、豆太の心の内は全く違うものでしょう。①は、モチモチの木に恐怖を感じ、せっちんに行きたいのに自分一人では無理だと決め込んでいる自信がもてない豆太の言葉です。一方の④は、じさまのために、その腕の中から離れて冒険をし、モチモチの木に起こる山の神様の祭りという「世界」を一人で経験した豆太の言葉なのです。

物語には、このように同じような表現でも違う意味が込められている「しかけ」が度々出てきます。例えば、「お手紙」の最初と最後で玄関の前に座って手紙を待つ二人の姿、「ちいちゃんのかげおくり」の最初と最後のかげおくり、「一つの花」でおやつをほしがるゆみ子にお母さんが言う「じゃあね、一つだけよ。」という言葉と泣いているゆみ子に戦地に赴こうとするお父さんが言う「さあ、一つだけあげよう。」という言葉などです。このように同じような表現が使われている箇所に注目していくと、意味の違いが見えてきて物語の教材分析が深まります。

豆太の成長の萌芽は、他者を求め、語りかけ続ける豆太の姿の中に見られます。自信がもてない豆太は、夜に助けを求めてじさまを呼び、昼には強くありたい願いからモチモチの木の名を呼んでいました。じさまが苦しんでいると、医者様を求めて山の夜道を走り続けます。恐らく心の中では祈りを込めてじさまの名を呼び続けていたのではないでしょうか。最後に語られる「じさまぁ」という言葉は、じさまが自分にとって大切な存在であり、（語り手が語る「かわいそう」とは真逆の）二人でいることの幸せを自覚した豆太の言葉なのかもしれません。

3 学習の目標を設定しよう

(1) 教材の特性から目標を考えよう

教材の分析・解釈をしたことで教材の特性が見えてきました。それらをもとに学習目標（指導目標）を設定します。

本来なら学級の子どもたちの実態から学習の中で付けるべき資質・能力や目標を設定し、それに合った教材を選定するべきなのでしょうが、各学校には教科書教材を中心にしたカリキュラムがあり、学習の中で取り扱う教材が指定されています。

教科書の指導書には、その教材を学習することで目指す目標が書かれていますが、その目標が常に学級の実態に合ったものになっているとは限りません。

まず、その教材を使って、どんな国語の力を子どもたちにつけられるのかを考えてみましょう。そして、子どもたちの実態に合った目標を設定します。

(2)「モチモチの木」から指導目標を設定しよう

中心人物の設定と変化、対人物、場面の構成、物語の中での語りや表現描写について考えてきました。では、教材を読むことを通して、子どもたちに物語の読み方の何を身に付けることができるのでしょうか。

●教材の特性から考えられる資質・能力を書き出そう

教材を分析・解釈したことを基に、『小学校学習指導要領（平成二十九年告示）解説　国語編』を参考にしながら、「モチモチの木」で育成を図ることができそうな資質・能力を選び出してみましょう。

〔知識及び技能〕

(1)言葉の特徴や使い方に関する事項

ア（言葉の働き）言葉には、考えたことや思ったことを表す働きがあることに気付くこと。

オ（語彙）様子や行動、気持ちや性格を表す語句の量を増し、話や文章の中で使うとともに、言葉には性質や役割による語句のまとまりがあることを理解し、語彙を豊かにすること。

カ（文や文章）主語と述語の関係、修飾と被修飾との関係、指示する語句と接続する語句の役割、段落の役割について理解すること。

ク（音読、朗読）文章全体の構成や内容の大体を意識しながら音読すること。

(2)情報の扱い方に関する事項

ア（情報と情報との関係）考えとそれを支える理由や事例、全体と中心など情報と情報との関係について理解すること。

イ（情報の整理）比較や分類の仕方、必要な語句などの書き留め方、引用の仕方や出典の示し方、辞書や辞典の使い方を理解し使うこと。

(3)我が国の言語文化に関する事項

オ（読書）幅広く読書に親しみ、読書が、必要な知識や情報を得ることに役立つことに気付くこと。

〔思考力、判断力、表現力等〕

C　読むこと（※A「話すこと・聞くこと」、B「書くこと」でも考えることはできますが、ここでは扱いません。）

イ（構造と内容の把握）登場人物の行動や気持ちなどについて、叙述を基に捉えること。

エ（精査・解釈）登場人物の気持ちの変化や性格、情景について、場面の移り変わりと結び付けて具体的に想像すること。

オ（考えの形成）文章を読んで理解したことに基づいて、感想や考えをもつこと。

カ（共有）文章を読んで感じたことや考えたことを共有し、一人一人の感じ方などに違いがあることに気付くこと。

大切なのは、学習指導要領の文言を「モチモチの木」に照らして、育成する資質・能力を具体的にイメージしながら、一人の読者として教材と出合ったときの感動の理由を解き明かすには、教材の何を読ませていけばいいのかを教師が考えることです。そうすることで、子どもたちが教材と出合ったときの感動を大切にし、その感動から自然な形で単元を通した学習課題を設定することができます。

「モチモチの木」の場合は、「おくびょう」な豆太の性格・気持ちが分かる言葉、豆太の行動の変化とその理由が中心となるでしょう。

学習の中で話合いを通して明らかとなり、読者の感動を深めていくのは、豆太の勇気ある行動の背景にある「じさまへの強い思い（『やさしさ』）」です。これまで教材を分析してきたように、豆太の心の奥にある「思い」は、豆太の言動に関する言葉をつなぎ合わせていくことで、読者の中に「……と書いてあるから、おそらく〜だろう」というように浮かび上がってきます。これを推論といいます。学習では、子どもたちに豆太の気持ちや行動の変化について根拠と理由を挙げながら推論させることが重要になってくるでしょう。

●教科書の単元名を見てみよう

では、各教科書会社は、「モチモチの木」からどのような学習を設定しているのでしょうか。それぞれの教科書では、次のような単元名（活動目標）が設定されています。

○光村図書三年下……登場人物について、話し合おう
・せいかくを表す言葉や、気持ちを表す言葉に気をつけましょう。
・「豆太」について考えたことを友だちとつたえ合い、考えを深めましょう。

○東京書籍三年下……想ぞうしたことをつたえ合おう
・人物のせいかくを想ぞうする

○教育出版三年下……登場人物の気持ちをそうぞうしながら読もう

○学校図書三年下……人物の変化を読もう
・場面のうつりかわりから、人物のせいかくや気持ちの変化を想像しましょう。
・人物のかわったところとかわっていないところをたしかめましょう。

（すべて令和二年度版）

それぞれの教科書が、登場人物の行動や会話から、人物の性格を想像すること、登場人物の気持ちの変化を読むことを単元の目標に挙げています。そして、学習の中で、様子や行動、気持ちや性格を表す語句を指導するよう求められています。また、斎藤隆介の他の作品を紹介して多読へつなげたり、読んだ物語を紹介したりする活動を設定している教科書もあります。

●学級の実態に合った目標を設定しよう

「モチモチの木」は大人が読んでも、登場人物に感情移入しながら読み、温かくやさしい気持ちになる物語です。文学的な文章は、読者の年齢や生活経験などによって、解釈の仕方が大きく異なります。よく陥りがちな授業の失敗の一つに、教師が長い時間をかけて教材を分析して導いた解釈の全てを子どもたちに考えさせようとすることがあります。その解釈の全てを子どもたちが言い当てないと子どもが「読んだ」ことにならないと錯覚してしまうのです。私たち教師は、子どもたちに「モチモチの木」を教えるのではなく、「モチモチの木」を通してどのような読み方を身に付けさせることができるのかを考えなければなりません。

全ての教科書が「モチモチの木」を三年生下の教科書に掲載しています。三年生段階の子どもたちは、物語全体を見渡して、場面の移り変わりを捉えながら読むことができるようになったり、登場人物の気持ちやその変化に目を向けたりすることができるようになっていきます。

その目の前の子どもたちが、どんな読み方をする傾向にあるのかをしっかりと分析し、適切な指導の目標を設定することが大切です。

【参考文献】

・浜本純逸編『作品別 文学教育実践史事典・第二集―小学校編―』一九八八年、明治図書
・浜本純逸監修、松崎正治編『文学の授業づくりハンドブック　第2巻』二〇一〇年、溪水社
・田中実・須貝千里編『文学の力×教材の力　小学校編3年』二〇〇一年、教育出版

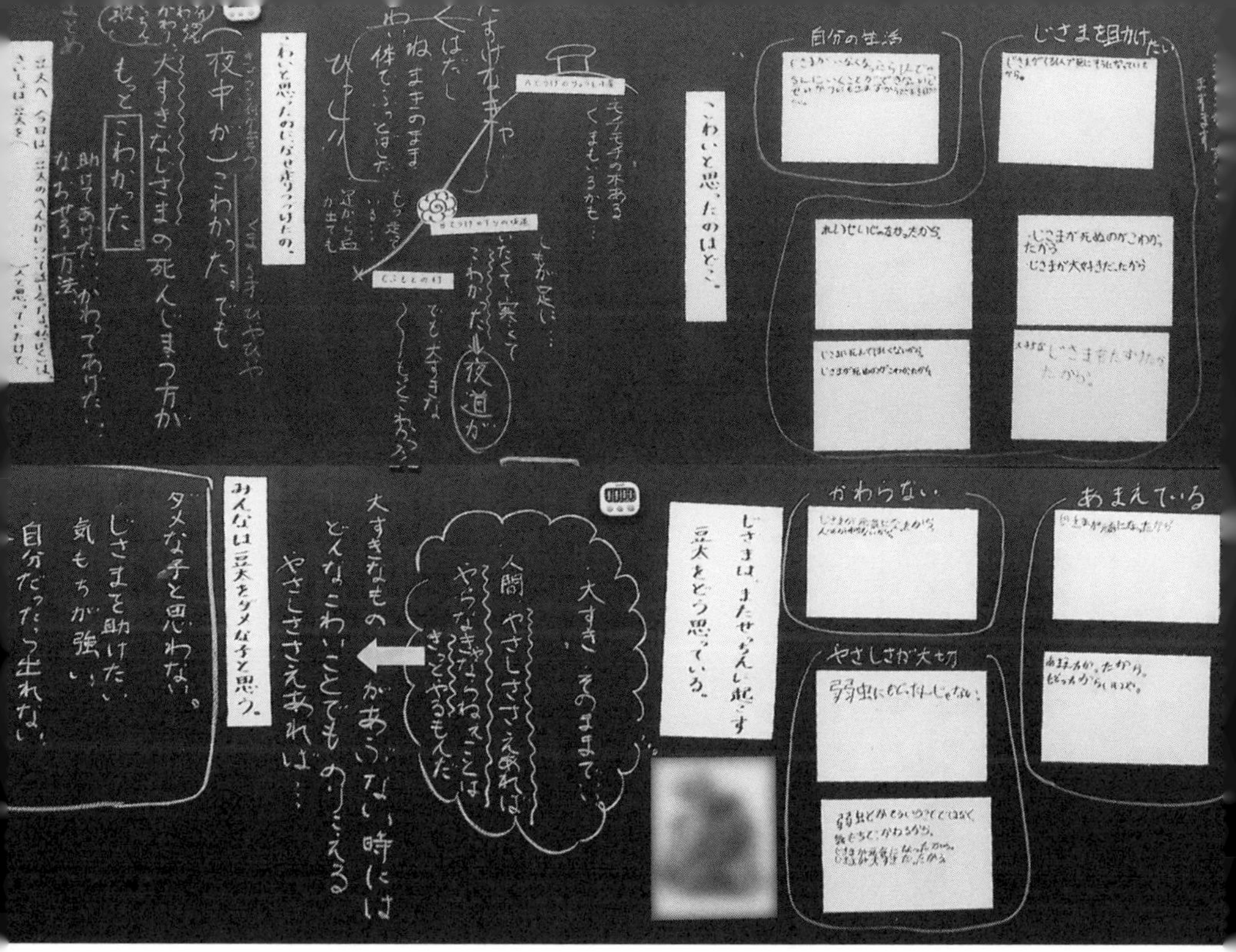

第2章

指導方法を構想する力を高めよう

最初に、教材研究とは、**「教材の分析・解釈」**と**「指導方法の構想」**のことであり、指導方法を構想していくためには、何よりもしっかりとした教材の分析・解釈が重要だと述べました。前章で実際に分析したように、物語中の一つ一つの言葉が緊密につながりあって、読者の中に物語世界をつくりあげます。教師が教材を分析・解釈することで、子どもたちにどの言葉とつなげて考えさせる必要があるのかが見えてくるのです（また、授業における子どもたちの発言の聴き方も変わってきます。この点については第3章実践編で述べます）。

そこで、本章では教材分析・解釈したことを基に、どのように指導方法を構想していけばいいのかについて考えてみましょう。

1 学級の実態と教師の力量に応じた指導方法を設定しよう

適度な難易度があり、子どもたちが満足感や達成感をもてる授業にするために、子どもたちの発達段階や学習経験、指導する教師自身の指導力量に合った指導方法について考えてみましょう。

●場面ごとに分けて考えさせる？　物語全体から考えさせる？

単元を通して場面ごとに分けて読ませていくのか、教材全体を対象にして読ませていくのかについて考えてみましょう。物語を読む授業の中で子どもたちに求められるのは、単純に考えれば、どの言葉に着目して、どの言葉と言葉をつなげて考えたのか、そしてどのように解釈したのか、その解釈したことについて自分はどう感じ、考えたのかということです。

「言葉をつなげて考える」という点についてもう少し説明をします。基本的な物語の構造は、**「舞台や人物の設定―人物の変化への伏線―人物の行動やものの見方・考え方の転換―人物の変容」**となっています。人物の**「変化」**を理解するためには、それ以前の状態、つまり**「設定」**を理解しておかなければなりませんし、一読すると劇的に**「変化」**したように見える人物も実はそのきっかけとなる出会いや出来事、変化の兆しとなる**「伏線」**が物語中に張られています。

このような物語の中での言葉のつながりを授業の中で子どもたち自身が見いだし、解釈し、評価していくことが求められるのです。

従来より多くの教室で行われてきた物語を場面ごとに分けて読む読み方ではなく、近年は物語全体を対象にした「丸ごと読み」の授業を求める声が増えてきました。どちらの指導方法にもよい点や気を付けるべき点があります。

まず、**場面ごとに分けて読ませる場合**についてです。場面に区切ると、読む範囲が限定され、つなげる言葉を探しやすくなります。話のあらすじを把握していない子どもたちや物語の読み方に慣れていない子どもたち、低学年段階の子どもたちに向いた読み方かもしれません。気を付けるべきことは、違う場面の言葉やその前の場面までに学習してきたこととつなげて考えることができにくくなる点です。そのため、教師がこれまで学習したことのまとめを掲示して学習を振り返りやすくしたり、違う場面の言葉に気付くように発問したりする場合があります。

次に、**物語全体を対象にして読ませる場合**についてです。場面ごとに分ける場合とは逆に、子どもたちにとっては言葉を探す範囲の限定がなくなり、授業で問題となっている文章中の箇所とは離れた箇所から言葉を探すことができます。そのためには、授業の前までに何度も教材文を読み込ませ、物語の流れを頭の中に入れておかせる必要があります。尋ねられたことに反応し、「そのことについては、あそこにあんな言葉が書いてあったはずだ」とすぐに教科書のページをめくって、言葉を探せるようにしておかなければ、子どもたちが授業での話合いに参加することはできません。

そして、物語全体を対象にして読ませる場合、何よりも子どもたちにとって適切な読みの課題と教師の指導力量が必要になります。教師は、単元を通して子どもたちが教材を読み深めていくために必要な課題を子どもたちの反応を予想しながら設定しなければなりません。そして、本時では、子どもたちから出される様々な箇所からの言葉や考えをどのように教師が整理し、授業の中で子どもたちにどのように示していくのかが重要になるのです。

●追究したい課題をどのようにもたせる？

『小学校学習指導要領（平成二十九年告示）』では、「単元や題材など内容や時間のまとまりを見通しながら、児童の主体的・対話的で深い学びの実現に向けた授業改善」を行っていくことが求められています。子どもたちが主体的に学んでいくためには、学習の課題（問い）が重要です。課題（問い）の設定には、次の三つのパターンがあると考えます。

A　教師から与えられる課題

教師から提示した問い（発問）の解決や活動目標の達成に向けて考えます。

B　考えを出し合うことで生まれる問い

子どもたちが出し合った考えから相違点（共通点）を見付け、その理由について考えます。

C　個人の中で生まれる問い

それぞれが感じた疑問を出し合い、その疑問の解決について考えます。

ＡよりもＢやＣのパターンの方が、子どもたちをより主体的に学ばせていくことができるでしょう。Ｃのパターンを中心にして授業を展開していくには、問いを自分たちで立てていく子どもたちの学習経験の積み重ねや指導事項につなげていく教師の高い指導力量が必要になります。また、紹介した三つのパターンを単元や一単位時間の中でばらばらに考えるのではなく、Ａを追究する中でＢやＣを生じさせたり、ＣやＢを追究する中で教師からＡの問いを与えたりするような授業を設計していくことも必要です。

●子どもたちから出された問いをどのように追究させる？

Ｃのパターンの場合、「個人の中で生まれる問い」を学習の中で生かしていくには、どのような方法があるでしょうか。子どもたちからは、哲学的な問いや言葉の辞書的な意味に関する問い、物語とは全く関わらない思いつきのような問いまで、種々入り交じって出されます。授業では、これらの問いを教師が整理しながら追究させていかなければなりません。その整理の仕方には、次の三つのパターンがあると考えます。

ア　単元の展開の中で適時取り扱う

初読時に子どもたちから出された問いを一覧表にして子どもたちに配付しておきます。教師が計画した単元の流れの中で、「このことについては、○○さんが問いをつくっていたね」、

「このことについて誰かが問いをつくっていたかな」などのようにして、授業の中で取り上げていきます。全体で取り上げていなくても、それぞれの子どもに、「この時間で○○さんの問いについて分かった」とノートに考えを書かせていくこともできます。

イ　単元の導入段階で全員で選択・決定する

初めて物語と出合った子どもたちが考えた問いを出し合って全員で分類整理し、その中から単元全体の中で取り扱っていく問いを話し合って決定する方法です。

物語で登場人物は劇的な変容を遂げます。しかし、その理由について語り手は多くを語りません。そのような人物の姿に読み手は心を動かされるとともに、その変化の理由について疑問をもちます。そのため、単元の最初に初読の感想を書かせると、多くの子どもたちが人物の変化の理由についての感動や疑問について記述します。

そのような感想や問いを出し合い、みんなが一番興味をもった場面や考えてみたい疑問を単元の中心課題としたり、問いを順序付けして単元の中で話し合っていく課題を決めたりします。

ウ　単元の導入段階で個人で選択させる

初めて物語と出合った子どもたちが考えた問いを出し合って全員で分類整理し、個人で単元を通して解決していく問いを一つから三つ程度（単元の計画に応じて）選択させ、それぞれに追究させる方法です（単元途中で選択の見直しをさせてもよいでしょう）。

全員で分類整理し、選択させていくことで、子どもたちにとってより話し合う意味を感じる問いが残り、選択されていきます。言葉の辞書的な意味に関する問いなどは、分類整理する時点で解決させておいてもいいでしょう。

個々に問いを追究させる場合、難しいのは話合いの場面です。子どもたちが共通のステージで話し合うことができるよう、問いを「人物の設定」などの観点で分類し、その観点の下で人物ごとにグルーピングしたり、同じ問いを選択した子ども同士でグルーピングしたりします。全体での話合いでは、教師が方向付けながら、それぞれの問いやそれに対する考えを関連付けさせることで、人物の関係や物語の構造など、物語の全体像を浮かび上がらせていきます。

2 教材の特性に応じた活動を設定しよう

『小学校学習指導要領（平成二十九年告示）解説　国語編』では、第三学年及び第四学年の「読むこと」の言語活動例の一つとして、「詩や物語などを読み、内容を説明したり、考えたことなどを伝え合ったりする活動」が示されています。子どもたちが主体的に「説明する」、「伝え合う」ことができるためには、活動の目的や方法に対する理解が必要です。ここでは、先に述べたAのパターンの課題（問い）として、教師が提示するいくつかの学習活動について考え

活動	特性	留意点
音読、朗読	読み手がイメージしたことや感動した気持ちを音声で聞き手に表現する。読み手が人物や語り手に同化するのを促す。	音声を記録したり、音読するための記号を用いたり、教師が再現したりする必要がある。
日記	文章中に書かれていない人物の心情を読み手が想像して埋めて書く。	日記をどの場面のどの人物の立場から書かせるのか。
手紙	読み手が文章中に書かれていない人物の心情を想像し、物語世界の外から人物の行動や考えについて評価をする。	手紙をどの場面のどの人物に対して書かせるのか。
劇・動作化	人物の設定や状況・場面から人物の心情や表情を想像し、動作や行動で表現する。	表現する目的や表現させる場面をはっきりさせたうえで、活動させる。
書評	あらすじをまとめ、文章中の言葉などを引用しながら論理的に評価する。	評価の観点を示したり、見直すことを想定してノートをまとめさせたりする。
他の物語を読む	一つのテーマや観点をもって本を選択して読む。	テーマや観点の設定が大切。

てみましょう。

一つの教材でも設定する指導目標が違うように、目標に迫るための学習活動の方法も様々です。それぞれの活動には特性があり、教材と設定した指導の目標に応じた活動を選択しなければなりません。

そこで、いくつかの活動を挙げながらその特性と「モチモチの木」で設定する際のポイントについて考えてみましょう。

(1) 音読、朗読

文章を声に出して読んで理解したり、文章の内容や文体から読者がイメージしたことや感動した気持ちを音声で聞き手に表現したりする活動です。『小学校学習指導要領（平成二十九年告示）解説　国語編』では、「音読、朗読」は〔知識及び技能〕に位置付けられました。しかし、指導に当たっては、〔思考力、判断力、表現力等〕の他の指導事項などと適切に関連付けて指導することが重要であると示されています。音読、朗読は、**読者が人物や語り手に同化するのを促す**ことができます。逆を言えば、音声化することで読者の解釈が明らかになりますし、教師はこの点に留意して子どもたちに音読、朗読を聞かせなければなりません。

例えば、「モチモチの木」では、「音読劇をしよう」などのような活動目標を設定して人物ごとに役割分担をすることで、語り手の存在を意識させることができます。また、第一場面から複数回出てくる豆太がじさまを呼ぶ「じさまぁ。」「じさまっ。」などの読み方を比較させ、どのように音声化すればよいかについて話し合わせることで、それぞれの場面の状況とそこでの豆太の心情や変化について考える必然性が生まれてきます。

音声化された表現はその場に残りません。表現されたものを基に話し合う場合は、音声を記録したり音読するための記号を用いたり、教師が再現したりする必要があります。

(2) 日記

読者が、登場人物になりきって物語の中で起きた出来事やそのときの心情などを記録していく形で書きます。物語の中で時間の経過が何日間にもわたる場合に設定できる活動です。登場人物になりきることで、**文章中に書かれていない人物の心情**を読者が想像して埋めて書かなければなりません。この活動のポイントは、読者の解釈を引き出すために日記をどの場面のどの人物の立場から書かせるのかでしょう。

例えば、「モチモチの木」の場合、第四場面においてじさまのために医者様を呼びに行った後、豆太がその夜を振り返って日記を書く活動が考えられます。夜道を走り続けていたときの豆太の心境や灯がついたモチモチの木を見ることができた自分に対する思いなどについて、子どもたちの解釈が表現されることになるでしょう。ただ物語の中で、質素に暮らし、年齢も五つである幼い豆太が日記を書くという設定に、物語世界のイメージとのギャップを感じて戸惑う子どももいるかもしれません。

(3) 手紙

読者が、登場人物に対して語りかけるような形で書きます。日記と同様に読者の解釈を引き出すために手紙をどの場面のどの人物に対して書かせるのかがポイントになります。日記と違う点は、読者が人物になりきるのではなく、**文章中に書かれていない人物の心情**を想像し、物語世界の外から**人物の行動や考えに対して評価をしていく**点です。

例えば、「モチモチの木」の場合、「第五場面でまた夜中にじさまを起こしてしまっている豆太に対して手紙を書こう」という活動を設定すれば、子どもたちは、じさまのことを思って勇気ある行動ができた豆太に対して、じさまの最後の言葉を解釈して代弁するような内容の手紙を書くことでしょう。

日記や手紙を書かせる場合、授業の最初に書かせたものを発表し合い、互いの解釈の違いから学習の導入へとつなげる場面か、人物の心情などについて話し合った後に学習のまとめとして自分の考えを整理する場面かなど、どのように授業に位置付けるのかを考えることも必要です。

(4) 劇・動作化

劇については、上演を目的にしたものと、上演ではなく表現活動や体験を目的にしたものがあります。子どもたちは、人物の設定や状況・場面から**人物の心情や表情、動きを想像**し、動作や行動に表現します。表現する目的や表現させる場面をはっきりとさせたうえで、活動させることが大切です。

例えば、「モチモチの木」の場合では、第四場面の「豆太は、真夜中に、ひょっと目をさました」から「ねまきのまんま。はだしで。半道もあるふもとの村まで――。」までを劇化・動作化させてみてはどうでしょう。それぞれが動作化した根拠や理由について話し合うことで、激痛に熊のようなうなり声をあげて苦しむじさまの様子やじさまを助けたいと無我夢中で飛び出す豆太の心情について考えさせることができます。

(5) 書評

書評とは、**「物語のあらすじの紹介」**と**「物語に対する評価」**を書いたものです。評価については、**文章中の言葉などを引用しながら論理的に述べて**、書評を読んだ人が納得したり共感したりするように書きます。場合によって、教師が評価の観点を示したり、後で書評を書く際に見直すことを想定して各時間の学習ノートのまとめ方を工夫させたりする必要があるでしょう。

例えば、「モチモチの木」の場合、「人物の設定（豆太の性格やじさまの豆太に対する思い）」や「豆太の変化」、「最後の一文」などの観点を示して、物語のおもしろさについて引用を入れながら文章で解説するというような活動が考えられます。リーフレットやポスターのような形にしてもいいですね。

（6）他の物語を読む

教材の物語を読むことをきっかけに他の本や物語を読むことに広げていくこともできます。他の物語に広げていく場合、最初に読んだ教材の読み方を基に**一つのテーマや観点をもって本を選択して読む活動**を設定するようにします。そして、それぞれが選択して読んだ作品について同じ観点で発表し、話し合うことで、新たに見えてくるものがあります。

例えば、「モチモチの木」の場合では、作者の斎藤隆介が書いた『八郎』『花さき山』『三コ』『半日村』『火の鳥』『ベロ出しチョンマ』などの他の作品を紹介します。それぞれの作品にどのような「やさしさ」が見られるのかについて話し合うことで、共通点や相違点が明らかとなり、子どもたちの考えに深まりや広がりが生まれます。また、自分が最も好きな一冊について語り合ったり、作者の考えに迫っていったりする活動も設定できます。

3 単元を構想しよう

単元の指導目標の達成に向け、目の前の子どもたちに適切と思われる学習課題や学習活動の方法を設定し、単元を組み立てましょう。

第三学年では、「登場人物の行動や気持ちなどについて、叙述を基に捉えること」、「登場人物の気持ちの変化や性格、情景について、場面の移り変わりと結び付けて具体的に想像すること」を通して、豆太やじさまの性格や思い、豆太の変容を捉え、「文章を読んで理解したことに基づいて、感想や考えをもつこと」が中心になります。

そこで、単元の指導目標を、

○豆太とじさまの性格や心情、気持ちの変化について、叙述を基に具体的に想像すること。
○「モチモチの木」を読んで、理解したことを基に自分の考えをもつこと。

とし、単元構想づくりの一例をご紹介したいと思います。

（1）子どもたちの実態を捉えよう

授業には、どんな子どもにも効果がある「万能薬」はありません。目の前の子どもたちの状況に合わせて、その方法や手立てについて細かく検討していく必要があります。そこで、一つの学級の授業をモデルに授業づくりの具体について述べていきたいと思います。

実践編の学級の子どもたちは、これまでの物語の教材を読む授業において教師が提示した学習の課題に意欲的に取り組んできました。話合いの中では、「意見↓根拠↓理由」の順で出し合いながら、互いの考えの共通点や相違点について話し合っています。三年生になり、子どもたちは物語の教材で、教師の発問を中心にして「人物の変化」について叙述を基に話し合う授業を行ってきましたが、そのような読み方を他の物語に活用できるまでには至っていません。

本教材「モチモチの木」は、教科書では三年生の後半に位置付けられています。そこで、「おくびょう」だった豆太がなぜ勇気ある子どもになったのか（なぜ、医者様を呼びに行くことができたのか）という豆太の「変化」などについて、子どもたち自身にこれまでの読み方を活用して問いをつくらせ、より主体的に追究できるように学習を進めていきたいと思います。

（2）学習のゴールである「目指す子どもの姿」を明確にしよう

「モチモチの木」では、豆太の劇的な変化が描かれます。変化とその理由を読むためには、豆太が元々どのような境遇にいて、どのような人物であったのか、物語の舞台や豆太の性格、豆太と関わる人物じさまとの関係について事前に理解しておく必要があります。

本教材を通しては、人物の性格や変化について場面の移り変わりと結び付け、叙述を基に想像する力を子どもたちに身に付けさせたいと思います。

また、授業における主体的・対話的で深い学びの実現に向けて、子どもたちが問いを選択・追究し、友だちとの交流を通して、自分自身の考えを見直していけるような学習を計画します。

(3) 学習課題と学習活動を設定しよう

単元の指導目標を達成するために、次のような流れで授業を計画します。

初読の感想と問いを出し合い、意見が集中すると思われる豆太の変化に関する問いを単元を通した中心の課題として学級みんなで設定します。その課題を解決するために、考えてみたい問いについて話し合って選択し、左のような順で解決していきます。

①豆太の人物設定に関する問い（例「どうして豆太はおくびょうなのだろう」）について話し合うことを通して、豆太の自分に自信がもてない性格について考えさせる。

②じさまの豆太に対する思いに関する問い（例「どうしてじさまは豆太にやさしいのだろう」）について話し合うことを通して、じさまの豆太への思いについて考えさせる。

③豆太の変化に関する問い（例「豆太は、どうして勇気を出すことができたのだろう」）について話し合うことを通して、豆太の変化とその理由について考えさせる。

④物語の終わり方に関する問い（例「どうして豆太は弱虫にもどったのだろう」）について話し合うことを通して、豆太に対する評価について考えさせる。

単元の中では、問いについて叙述から考えたことを、人物に対して「手紙を書く」という活動の中で表現させます。そして、文章を読んで理解したことに基づいて、人物の行動に対する感想や考えをもたせていきます。

指導計画（全9時間）

1　初読の感想を書いて、学習課題について話し合う。
(1)　教師の範読を聞き、初読の感想と考えたい「問い」を書く。
○友だちと話し合いたい「問い」について考えること。
(2)　解決したい「問い」について話し合い、学習計画をつくる。
○みんなの考えた「問い」の中から、単元の中心課題とそのために解決したい「問い」について考えること。

(3) 音読練習をし、場所・時・登場人物の設定・物語の構成について話し合う。
○じさまと豆太の置かれた状況を想像すること。

2 課題について話し合いながら、豆太の変容を読んでいき、手紙を書く。
(1) 豆太の人物設定に関する問いについて話し合い、豆太に手紙を書く。
○豆太の性格について場面を比較して具体的に想像すること。
(2) じさまの豆太に対する思いに関する問いについて話し合い、じさまに手紙を書く。
○じさまの豆太に対する気持ちをじさまの言葉や行動から具体的に想像すること。
(3) 豆太の変化に関する問いについて話し合い、豆太に手紙を書く。
○豆太の変化について、前の場面と比較したり関係付けたりして具体的に想像すること。
(4) 物語の終わり方に関する問いについて話し合い、豆太に手紙を書く。
○じさまの豆太への思いや豆太に対する自分の評価について考えること。

3 斎藤隆介作品を読んで、斎藤隆介作品の登場人物の変化について紹介カードを作成する。
(1)
(2) 斎藤隆介作品を読んで紹介カードを作成し、発表する。

○登場人物の性格や変化について、場面の移り変わりと結び付けて具体的に想像すること。

【参考文献】

・大槻和夫編『国語科重要用語300の基礎知識』二〇〇一年、明治図書
・田近洵一・井上尚美編『国語教育指導用語辞典』一九八四年、教育出版

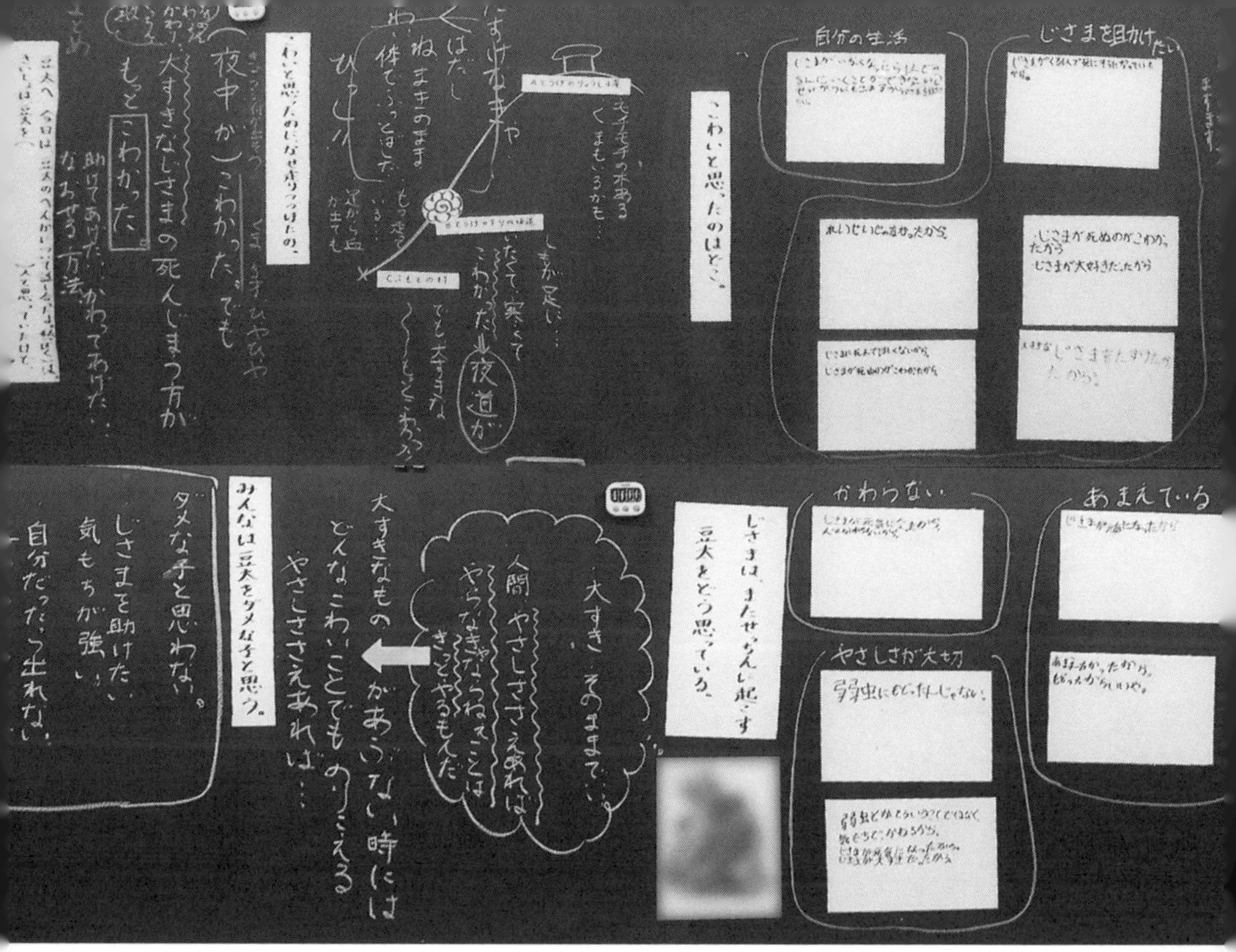

第３章

板書と思考の流れで展開がわかる　実践！「モチモチの木」の授業

これまで「教材の分析・解釈」、子どもたちに応じた「指導法の構想、単元の構想」を行ってきました。しかし、授業の「設計図」ができただけで、授業ができ上がったわけではありません。実際の授業へと具現化するためには専門的な技能が必要です。それが、**臨機応変な対応力**です。本章では、実際の子どもたちの反応に対してどのように考えて対応し、授業を展開するのかについてご紹介していきます。

授業で物語を読んで話し合う学習を行う場合、指導者が最も意識して指導する場面は二つあると考えます。授業の導入場面で子どもたちに**課題を共有させる場面**と子どもたちの発言を教師が聴いて**授業を組織していく場面**です。

課題を共有することは、子どもたちにとって一人一人が一時間の授業に「参加」する原動力となります。

子どもたちの読みや考えの深まりが期待できる課題を設定し、その課題に対して「それについては、私はこう思うんだけど、みんなは違うのかな」「えっ、考えたこともなかった」「おもしろそうだ。みんなで考えてみたい」などのような気持ちを引き出す導入の工夫をしなければなりません。

また、子どもたちの発言を聴いて集団の思考を組織していく場面では、発言の仕方や聞き手の子どもたちの聴き方などの学習規律の指導ももちろん大切ですが、それ以上に発言する子どもの言葉を教師が聴きながら、分析し、授業を方向付けていくことが重要です。

教師は、自分が教材を徹底的に分析して得た解釈が唯一の「正解」だと捉えがちです。そして、それを授業の中で子どもたちに言葉で言い当てさせようとする場面をよく見かけます。しかし、そのような授業を繰り返していると、子どもたちはだんだんと発言しなくなってきます。教師は、ほしい言葉を子どもに言わせることに躍起になるのではなく、その時点でどのように解釈しているのかを子どもたちの言葉から分析し、どこに焦点を当てて集団で考えさせればよいのかを考える必要があります。

具体的には、次のようなことです。

・この子は何を言おうとしているのか。
・この子はなぜそんな表現をするのか。読み誤りの原因は何か（表現するための言葉の選択か、着目した言葉の違いか、解釈か、基盤となる自身の知識や経験などか）。
・教師が解釈していることのどこに位置付くのか。その子の解釈はどこまで迫り、何が足りないのか。
・他の子の考えとどこが同じでどこが違うのか。他の子にいっしょに考えさせるべき点はあるか。

・この子の意見をこれからの展開にどのように生かせるか。

これらのようなことを分析・判断しながら、教師は子どもたちの発言を聴かなければならないのです。本章では、実際に行った授業を紹介しながら、板書や教師の発問に対する子どもたちの発言、また状況に対応する教師の思考の流れについて考えてみましょう（紙幅の関係上、子どもたちの反応や教師の指示など、細かな部分については割愛しています）。

第一次では、まず最初に全文を読み、初読の感想を書きました。初読の感想では、作品と出合ったときの子どもたちの素直な感想を書かせたいものです。しかし、何から書いていいのか分からなくなる子も少なくありません。

そこで、文学作品を読む場合、初読の感想ではいつも次のような観点を与え、感想を書かせるようにしています。

与える観点	教師のねらい
作品を読んで 感じたことや考えたこと	優れた文学教材は、一読しただけでも読み手の心の中に感じたことや考えさせられたことが生まれてくる。 初読で感じたことを基に「物語を読んだときに、登場人物に感

	動するのはどうしてだろうか」という課題を設定することもできる。 また、初読と単元の最後の読みを比較して読みの深まりを実感させることもできる。
一番心に残った場面とその理由	子どもたちの感想の多くは、人物が変容したり物語で一番盛り上がったりする場面に集中する。そのことから「なぜ○○は、……したのだろう」などの単元を通した課題の設定に生かすことができる。 また、文章を書くことが苦手な子も、一番心に残った場面を指し示すことはできる。その理由を尋ねて書かせればいいので、ほとんどの子が書きやすい観点である。
思ったこと・考えたこと	思ったことや考えたことには、子どもたちの解釈が含まれることがある。その解釈の違いや誤読を基に各時間の課題の設定（の見直し）や各時間の導入場面、または確認場面で生かすことができる。

疑問に思ったこと	疑問に思ったことは、子どもたちの率直な疑問が書かれ、経験的に不足している知識なども知ることができる。各時間の読みの課題や確認すべきことの計画に生かすことができる。
自分だったら	文学を読む場合、常に自己を見つめさせながら読ませたい。「自分だったら……したのに、○○はなぜ……したのだろう」と考えさせることで、人物の立場になり、人物の視点で考えるきっかけにすることができる。最終的には、人物や作品の評価へとつながる観点となる。

【子どもたちが書いた初読の感想の例】

● 「モチモチの木」を読んで、一番心にのこった場面は、第四場面です。理由は、医者様をよぶことができたからです。そこに私は感動しました。私だったら、真夜中に、寒いのにはだしで走って行くなんてできません。それなのに、豆太は行くことができたのですごいと思いました。

● 「モチモチの木」を読んで、もし自分が豆太だったら、夜中に走ったりすることはできないし、ケガしたらふつうあきらめるのに、豆太はそれを乗りこえてがんばったからすごいと思いました。なんで豆太はじさまのためにそこまでがんばれたのかとても知りたいです。また、第五場面で、じさまが「弱虫でもやさしけりゃ」と言ったところが、私も弱虫のところがあるので、ほっとしました。

● 「モチモチの木」を読んで、感動しました。理由は、じさまがさい後に「自分で自分を弱虫だなんて思うな。人間、やさしささえあれば、やらなきゃならねえことは、きっとやるもんだ」というところが、本当に自分に言ってくれているような感じがしたからです。さい後のところを読んで、じさまにありがとうと言いたいです。豆太は、しもが足にかみついて、足からは血が出ていたいし、寒くてこわかったのに医者様をよびに行くぐらいなので、本当にじさまのことが大すきなんだなあと思いました。

子どもたちの多くは、本作品を読んで「感動した」と述べていました。また、心に残った場面として、臆病だった豆太がじさまのために勇気を出して医者様を呼びに行く場面を挙げ、「豆太は、やさしくて勇気のある子だな」と人物を評価していました。さらに、じさまが豆太に「人間、やさしささえあれば、やらなきゃならねえことは、きっとやるもんだ」と語りかける場面が心に残ったという子もいました。他にも「なぜ、豆太は一人でせっちんに行けないのだろうか」「なぜ、豆太は昼間はモチモチの木がこわくないのに、夜はこわいのだろうか」という登場人物の行動への疑問や、豆太が真夜中に医者様を呼びに行くことができたのに、最後にはまた「じさまぁ。」としょんべんにじさまを起こす「おもしろさ」などを書いている子もいました。

その後、次のような「『問い』のつくり方」を配付し、説明をした後で、子どもたちに自由に問いをつくらせました。

「問い」のつくり方

A　人物の予想外の行動から考える

「○○は、なぜ……したのだろう」

B　人物が変わったところから考える

「○○は、なぜ……になったのだろう」

C　印象に残った人物の言葉から考える

「○○が話した……とは、どういう意味なのだろう」

D　物語の場面や登場人物の必要性から考える
「□□は、物語になぜ必要なのだろう」

E　物語の中に出てくる印象に残った言葉から考える
「□□とは、どういう意味なのだろう」

F　自分とつなげて考える
「もし自分が○○だったら、……だろうか（するだろうか）」

（中学年段階で）話の筋を追って読んでいる子どもたちの多くは、AやBの問いを多くつくります。子どもたちには、できるだけAからFまでの問いづくりに挑戦するように促します。

子どもたちの感想やつくった問いを出し合わせたところ、多くの子どもが「豆太が勇気のある子どもになったこと」について書いていることから、単元の中心課題を「なぜ、豆太が勇気のある子どもになれたのかについて考えよう」と設定しました。

そして、それぞれ自分がつくった問いの中から考えてみたい問いを、一つずつ選ばせました。

左は、子どもたちが選んだ問いの一覧です。

A　1　なぜ豆太はおくびょうなのだろうか。

2 豆太は、なぜモチモチの木という名前にしたのだろうか。

3 じさまは、なぜきゅうにおなかがいたくなったのだろうか。

4 なぜ、豆太は、はだしで行ったのだろうか。

5 豆太は、なぜ足がいたいのをがまんしたのだろうか。

6 なぜ、豆太は、たくさん血が出ても走ったのだろうか。

7 医者様は、なぜモチモチの木が光る理由を知っているのだろうか。

B

8 豆太は、なぜ勇気ある人になったのだろうか。

9 豆太は、なぜ医者様をよびに行けたのだろうか。

10 豆太は、最後になぜ弱虫にもどったのだろうか。

C

11 じさまが言った「一人の子どもしか見ることはできねえ」とは、どういう意味か。

12 じさまが「弱虫でもやさしけりゃ」と言ったのはなぜか。

D

13 おとうは、物語になぜ必要なのか。

14 なぜお母さんが物語に出てこないのだろうか。

F
15　もし自分がじさまだったら、霜月二十日のばんのことを教えただろうか。
16　もし自分がおとうだったら、くまとたたかうだろうか。
17　もし自分がじさまだったら、最後の言葉を言えただろうか。
18　もし自分がじさまだったら、豆太をせっちんに連れて行くだろうか。

この問いの一覧を子どもたちに配付し、みんなで話し合いたい問いを四つずつ選び、意見を出し合いました（場合によっては、教師からも子どもたちと同じ立場で意見を出します）。子どもたちが選んだのは、次の四つの問いでした。

○なぜ豆太はおくびょうなのか。
○もし自分がじさまだったら、豆太をせっちんに連れて行くだろうか。
○豆太は、なぜ勇気ある人になったのだろうか。
○豆太は、最後になぜ弱虫にもどったのだろうか。

そして、みんなで話し合いたいという意見が多かった問いを、「豆太の人物設定」「じさまの豆太に対する思い」「豆太の変化」「物語の終わり方」という観点から並べました（状況によっては、教師から観点を先に出して問いを選ばせることもできます）。単元を通して解決していくこれらの問いを表にして単元計画として教室に掲示することで、子どもたちも見通しをもって学習に取り組んでいくことができます。そして、斎藤隆介の他の作品を紹介し、単元の最後には学んだ読み方を生かして紹介カードを作成することを確認しました。

物語を教材にした授業を行う際に、まず子どもたちに理解させなければならないのは、物語の舞台（時間、場所）や人物の設定です。人物の変容を理解するには、最初にどんな人物であったのかを理解しておく必要があります。また、物語の舞台が人物の変容に大きく関係している場合もあります。

「モチモチの木」の場合、豆太とじさまの会話や行動から、叙述を基に想像を広げ、豆太の性格やじさまの思い、豆太の変化などについて考えさせていきます。

今回の「モチモチの木」の学習では、主体的な学習を目指して、単元を通して、あらかじめ宿題や課外の時間で本時の問いに対する自分の「意見」、その「根拠」となる叙述、根拠となる叙述から考えた「理由」を考えさせたうえで、授業に臨ませます。授業は、友だちとの対話を通して自分の考えを見直すための時間として位置付けます。

第2次　課題について話し合いながら、豆太の変容を読んでいき、手紙を書く。

第1時　「なぜ豆太はおくびょうなのか」について話し合い、豆太への手紙を書く。

指導目標
○豆太の性格について場面を比較して具体的に想像すること。

モチモチの木の世界を深めて楽しもう

モチモチの木

めあて
豆太はどんなせいかくなのか、こんきょを集めて考えよう。

なぜ豆太はおくびょうなのか。

モチモチの木のせいだと思います。

モチモチの木がこわいから。

お父さんがころされた

夜中出られない

おとうさんがころされたから。

課題の共有

本時に解決する問いを確認し、意見が似ているグループで根拠や理由を交流してまとめさせる。

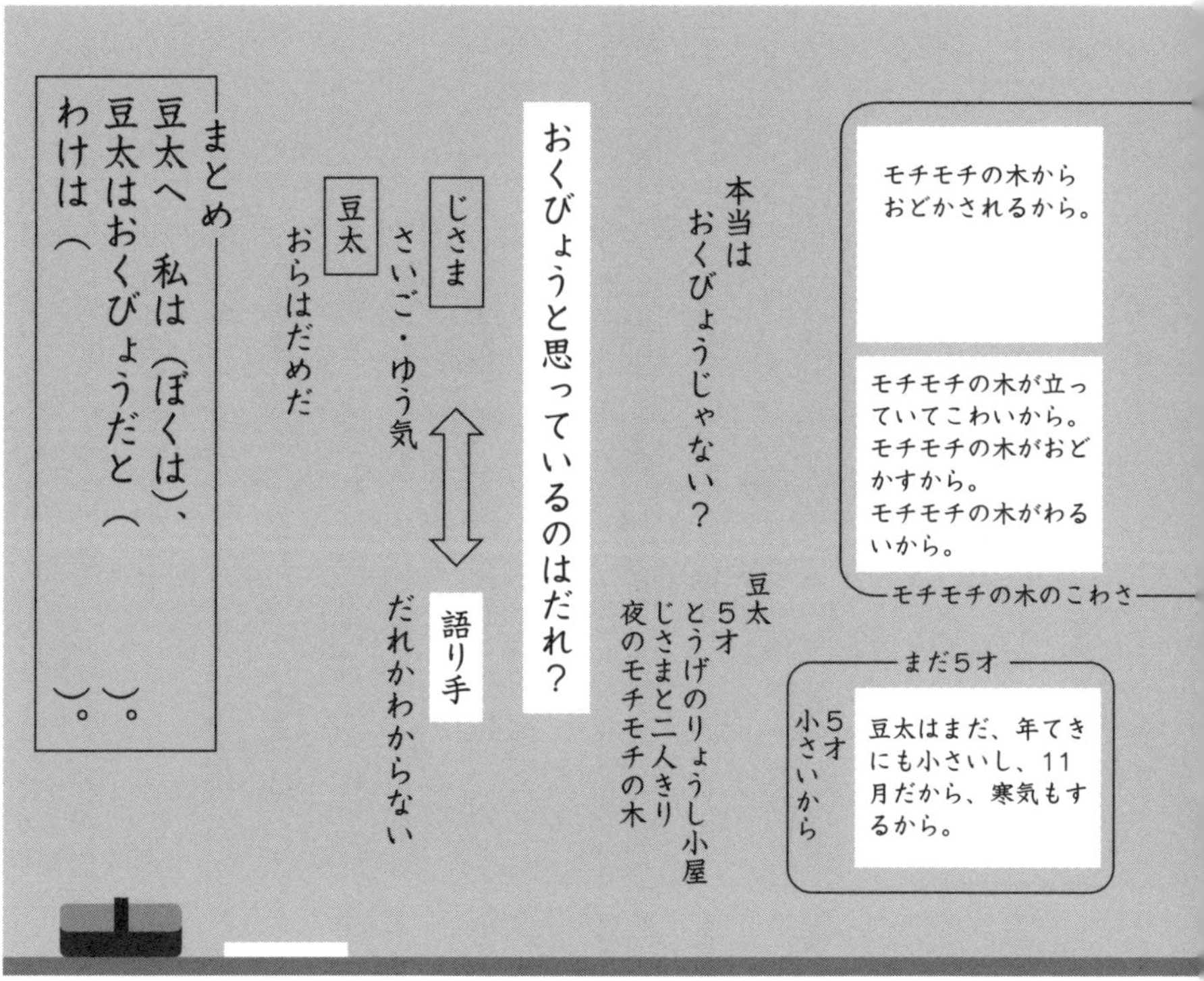

考えの発表

・グループでまとめた考えを出し合い、共通点や相違点について考えさせる。
・場面を比較して豆太が怖がっているものについて話し合わせる。

深める問い

『おくびょう』と思っているのはだれか」を問いかけ、豆太自身の思いや語り手の存在について話し合わせる。

考えのまとめ

話し合ったことを基に、自分の考えを豆太への手紙の形で書かせる。

第二次の一時間目に子どもたちが設定した問いは、「なぜ豆太はおくびょうなのか」です。この問いについて話し合うことを通して、豆太の設定や登場人物、語り手の存在などについて気付かせていきます。

グループで話し合う際に、根拠や理由に焦点化して意見をまとめやすいように、事前に考えた意見が似ている子たちで教師がグループを編成しました。事前に考えた意見を見てみると、全体で「モチモチの木に脅かされるから」「モチモチの木と熊などの動物が怖いから」「まだ五歳だから」の三つに分けられました。

授業では、その時間で話し合う問いを確認したらすぐにグループ学習に入っていきます。

授業の実際の様子

T　今日みんなで考えていく問いは何でしたか。

C　「なぜ豆太はおくびょうなのか」です。

T　そうだったね。今日はこの問いについて根拠になる言葉を見つけて話し合う中で、最後には豆太の性格についての自分の考えをまとめていきましょう。先生がみんなと考えたいことをめあてにしました。読みましょう。

C　「豆太はどんな性格なのか、根拠を集めて考えよう」

教師の思考の流れ

➡導入は、問いとめあての確認だけでいい。

➡みんなで考えた問いと教師が指導したいことを子どもたちに意識させよう。

この時間の最後には、豆太が臆病かどうかについて自分の考えをもたせたい。

T　いつものようにグループで話し合います。まず、グループで何をするの？

C　意見を言う。

T　次は？

C　本文から根拠を言う。

T　そうだったね。意見には必ず根拠が必要です。そして？

C　理由を言う。

T　その根拠から○○と言えるからという理由を言いましょう。最後に？

C　話し合って、ホワイトボードに意見を書く。

T　根拠や理由も書きたいと思うけど、ホワイトボードは小さいので、意見だけを書いてください。グループは、意見の近い人を集めています。でも、根拠や理由は違うから、しっかり互いの意見を聞いて考えを広げましょう。では、始めてください。

〈Bグループの話合い〉

ア　じゃ、僕から意見を言います。モチモチの木に脅かされるからです。
イ　同じで、モチモチの木があるから臆病なんだと思います。
ウ　アさんとイさんと似ていて、モチモチの木が怖いからだと思います。

➡グループでの話合いの方法を確認しよう。

➡グループでの意見の出し方をちゃんと覚えているようだな。

ポイント

➡ホワイトボードには、結論のみを書かせることで、後でグループ同士の考えを比較しやすくなる。

➡グループ編成の意図を伝えることで、話し合いの中で、どこに注意して聞き合えばいいのかを分からせよう。

エ　僕も同じで、モチモチの木のせいだと思います。
ア　そしたら、根拠ね。ぼくは、「空いっぱいのかみの毛をバサバサとふるって、両手を『わあっ。』とあげる」にしました。
イ　僕は、「木がおこって、両手で、『お化けぇ。』って、上からおどかす」に線を引きました。
ウ・エ　同じ。
ア　じゃあ、理由ね。僕から。「空いっぱいのかみの毛をバサバサとふるって、両手を『わあっ。』とあげるからって」というところから、モチモチの木が怖いせいで、豆太は臆病になっていることが分かると思う。
エ　同じで、モチモチの木の恐ろしさが「空いっぱいのかみの毛」とか「バサバサ」から分かる。
イ　同じで、僕も「空いっぱいのかみの毛をバサバサとふるって、両手を『わあっ。』とあげる」というところから、大きな大きなモチモチの木が、脅かしているところが、豆太にとっては本当に怖いと思う。
ウ　付け加えで、「空いっぱいのかみの毛」というところから、空いっぱいに見えるくらい大きいから、怖いと思う。
ア　ああ、確かに。そうしたら、何て書く？
ウ　みんな、モチモチの木が怖いからって言ってたよね。
ア　何で臆病か（という問い）だから、モチモチの木に脅かされるからでいい？
（他の子どもが「いいよ」と反応する）

T　では、全体で出し合いましょう。お互いに意見を聴いてどこが違うかとか、意見は似ていても、根拠や理由のどこが違うのかを考えながら聴きましょう。では、Aグループから、どうぞ。

➡他のグループの意見を自分たちと比較しながら聴くようにさせよう。
まずは、多数の子が書いていた「モチモチの木の恐ろしさ」から意見を出させよう。

C　豆太が臆病なのは、モチモチの木のせいだと思います。「表には大きなモチモチの木がつっ立っていて、空いっぱいのかみの毛をバサバサとふるって、両手を『わあっ。』とあげる」というところから、豆太が恐ろしがっていることが分かるからです。

C　（Bグループ挙手）似ています。

T　Bグループどうぞ。

C　モチモチの木から脅かされるからです。根拠はAグループと同じで、「両手を『わあっ。』とあげる」というところと、もう一つ「木がおこって、両手で、『お化けぇ。』って上からおどかす」というところからも、モチモチの木が怖いことが分かるからです。

C　そうそう。

T　なるほど、根拠が一つ増えて、より説得力が増したね。似ているグループは、……Dグループ。

C　モチモチの木が悪いからです。

T　モチモチの木が悪いってどういうことかな。Dグループの言っていること分かる？

C　分かった。上から脅かすというところから、脅かさなくてもいいのに脅かすから、モチモチの木が悪いって言ってるんだと思う。

➡ちゃんと根拠を挙げて説明できている。

➡比較して考えの共通点を見つけているな。

➡もう一つの根拠を挙げている。

➡複数の根拠で考えられていることを価値付けよう。

➡Dグループの表現では伝わりにくい。他の子たちに問い返して説明させよう。

T　Dグループさん、どうですか。

C　そうです。

T　A、B、Dグループは大きなモチモチの木の恐ろしさを根拠にしているけど、でも二場面で豆太はモチモチに威張ってるじゃない。

C　それは、昼間だから。

T　ん？　それは、どういうこと？

C　豆太は、昼は「いばってさいそく」するくらい怖くないけど、夜になるとのモチモチの木が怖いって、一二四ページに書いてある。

C　夜のモチモチの木が、大きなお化けみたいに見えて怖いんだと思う。

T　なるほど、第一場面と第二場面を比べると、豆太には昼と夜とではモチモチの木の見え方が違うことが分かるね。ではCグループ、意見をどうぞ。

C　夜のモチモチの木の怖さもあるけど、「くまと組みうちして、頭をぶっさかれて死んだほどのきもすけ」というところから、おとうが熊に殺されたことが分かるから、豆太も夜が怖いんだと思います。

T　豆太のおとうは、熊に殺されてしまっているんだね。

C　あぁ、なるほど。それもあるかもしれん。

➡必ずDグループに戻して、確認をしないと。

ポイント

➡みんな豆太にとってのモチモチの木の恐ろしさについて語っている。昼の豆太との比較をさせたい。

➡もう少し詳しく説明させよう。

➡第二場面の叙述を根拠に説明をしている。

➡第一場面と第二場面の比較をすることで見えてくることを確認しておこう。

よし、Cグループの「熊などの動物が怖いから」の意見を出させて、豆太の暮らしている環境について確認をしよう。

➡父が熊に殺されたことを確認しよう。

C 夜中に外に出たら熊に殺されるかも。

C それは臆病になるよね。

T Cグループの意見に「なるほど」と思った人が多いみたいだね。〇〇さん、どうして、なるほどと思ったの？

C もし自分が豆太だったら、親を熊に殺されたら、自分も殺されるかもしれないと思って絶対外に出ないから。

C 付け加えで、峠の猟師小屋だったら、他にも猪とか危険な動物がいそうだし、夜中だったら襲われても誰も気が付かないかも。

T 豆太って、どこにだれと住んでましたっけ？

C 一二三ページに峠の猟師小屋に、じさまと二人きりって書いてあります。

T じさまと二人だけで、周りには誰もいないのか。Cグループは、豆太の生活している環境から考えたんだね。では、最後にEグループ。

C 豆太は年的に幼いからです。五つというところから、私たちよりも豆太は幼いから、夜中にせっちんに行けないのは仕方ないと思います。

T なるほど、Eグループは、豆太の歳から考えたのか。

➡共感しているな。

➡うなずいている子にもう少し意見を聞いて、暮らしている場所を確認しよう。

➡「自分だったら」で、自分に置き換えて考えられているな。

➡峠の猟師小屋が出てきた。

➡じさまと二人きりで暮らしていることを確認しよう。

➡Eグループの「まだ五歳だから」に話題を移そう。

実は、この物語で五つといっても昔の年の数え方かもしれなくて、それだと今の年の数え方で、四歳ぐらいかもしれないんですよね。

C　えっ？

T　四歳って、幼稚園の年中さんぐらいかな？

C　小さいっ！

T　とすると、豆太って本当に臆病なのかな？

C　……何か違う気がする……。

T　少しグループで話してみて。

（グループでの話合い）

T　では、やっぱり豆太は臆病だと思う人の意見を聞かせて。

C　……。

T　いない？　では、本当はちょっと臆病とは違うんじゃないかなという人。（全員挙手）

C　まだ豆太は五つだし、真夜中に外に出られるかというと、僕も出られなかったので、臆病とはちょっと違うかなと思う。

C　そうそう、仕方ない。

C　五歳？四歳？だと、まだ夜中が怖くても仕方がないと思う。そして、峠の猟師小屋は高いところにあるし、

ポイント

- ここで数え年について補足説明をして、豆太が自分たちよりも幼いことを理解させよう。
- 幼稚園で例を出して、幼さを実感させよう。
- 考え出したな。少しグループで話し合わせよう。
- 豆太の状況から、考えを変えているな。
- 自分の経験とつなげて考えられている。

熊とか出るからなお怖いと思う。

T　確かに怖いよね。臆病とはちょっと違うとみんな考えているみたいだけど、じゃあ、この物語で豆太のことを臆病だと思っているのって誰なの。

C　じさま。

T　本当に？　グループで根拠を見つけながら話し合ってみて。

（グループでの話合い）

T　では、豆太のことを臆病だと思っているのがじさまだと思う人。

C　……。

T　あらら、いなくなった？じさま以外にいるの？

C　誰かは分からない人だと思う。

T　誰かは分からない人？　詳しく教えて。

C　だって、もしじさまが豆太のことを臆病だと思っていたら、「『全く、豆太ほどおくびょうなやつはない』とじさまは思った」と書いていないとおかしい。でも、本文にじさまは思ったとは書いていないから。

C　「全く、豆太ほどおくびょうなやつはない」と言っている人が思っている。

ポイント

⬇豆太のことを臆病だと語っている語り手の存在について気付かせよう。

⬇やはり、じさまだと思っている子どももいるようだ。グループで話し合わせよう。

⬇「じさま」という意見がなくなったのかな。じさまがどう思っているかは単元の別の機会に詳しく触れよう。

⬇「誰かは分からない人」とは、きっと語り手のことを言っているのだろう。

T　よく気付いたね。実は、物語には、「そのとき、〇〇が……をしました」っていうように、お話を進める人がいます。このモチモチの木でも、じさまや豆太のような登場人物以外の人が語っていますね。そのような人のことを「語り手」といいます。このお話は、語り手が「全く、豆太ほどおくびょうなやつはない」と言っているんですね。他に豆太のことを臆病だと思っている人はいますか。

C　豆太自身。

T　〇〇さん、豆太自身ってどういうこと？

C　「――それじゃあ、おらは、とってもだめだ――」というところから、豆太は自分が臆病だと思っていることが分かる。

C　そうそうそう。

T　そこからどんな気持ちが分かる？

C　最初からあきらめている気持ち。

C　自分は臆病だから自信がない気持ち。

T　なるほど。……ということは、豆太のことを臆病だと思っているのは、語り手と豆太自身なんだね。じさまは、どうだろう？

C　……多分、思ってない……。

ポイント

➡「語り手」について解説して、言葉を教えよう。

➡すばらしい、豆太自身にも気付けている。

➡根拠を挙げて説明できているな。

➡豆太の思いを別の言葉で表現させよう。

➡語り手と豆太は確認できた。じさまについては、また次回以降に考えていくことを確認しておこう。

T うん、じさまの場合は少し難しいね。じさまについては、また次回以降考えていきましょう。では、今日のまとめを書いていくよ。今日の問いは「なぜ豆太はおくびょうなのか」でした。そもそも豆太は臆病なのか、あなたの意見を豆太に語りかけるようにプリントに書いて、その根拠や理由も書きましょう。では、どうぞ。

➡語りかけるように書かせることで、豆太に対して共感的に読ませていこう。

本時は、「なぜ豆太はおくびょうなのか」という子どもたちが設定した問いについての考え（意見、根拠・理由）を各グループごとで話し合わせた後で、「豆太にとってのモチモチの木」「豆太の暮らす環境」「豆太の年齢」の順に発表させました（グループ編成時に大まかな発表の流れは考えておきます）。その中で、場面を比較して豆太が怖がっているものや豆太の設定などに気付かせるとともに、そもそも「豆太を臆病だといえるのか」について考えさせました。子どもたちは自分自身と重ね、豆太の置かれた環境の厳しさや豆太のことを臆病だと思っている人物について考えながら、語り手の存在にも気付いていきました。

【終末段階で子どもたちが書いた豆太への手紙の例】

●ぼくは、少しかわって、豆太はおくびょうだとは思わないよ。わけは、モチモチの木がわあっとか、おばけえとおどかすし、五才には夜中がこわいと思うし、お父さんがくまにころされているからだよ。豆太、自分を弱虫と思わなくていいんだよ。豆太はゆう気のある子だったんだよ。

●私は、全く変わって、豆太はおくびょうだとは思わないよ。わけは、豆太が自分で自分をおくびょうだと思いこんで、あきらめていただけだからだよ。豆太、君は決しておくびょうな子ではないよ。ゆう気ある子なんだからね。

●私は、やっぱり豆太はおくびょうだと思わないよ。わけは、まだ五才だし、みんなでいうとほ育園の子どもだから、ゆう気がないというわけではないからだよ。豆太はゆう気ある子どもなんだよ。

●ぼくは少しかわって、豆太をおくびょうだと思わないよ。わけは、五才で、夜中くまと大きなモチモチの木があるからこわいのは仕方がない、みんなこわいと思っていいからだよ。豆太、自分に自しんをもって。豆太はすごい子なんだからね。

子どもたちが書いた豆太への手紙は、毎回国語通信に掲載して、配付するようにします。そうすることで、子どもたちは、自分の考えを積極的に表現しようとするようになります。

第2時　「もし、自分がじさまだったら、豆太をせっちんに連れて行くだろうか」について話し合い、じさまへの手紙を書く。

指導目標

○じさまの豆太に対する気持ちをじさまの言葉や行動から具体的に想像すること。

モチモチの木の世界を深めて楽しもう

モチモチの木

めあて
じさまの人がらや豆太への思いをこんきょを集めて考えよう。

もし、自分がじさまだったら、豆太をせっちんにつれていくだろうか。

二人でくらしているからかわいそうだと思うからです。豆太が一人でせっちんにいくとくまがおそってくるから。

一まいしかないふとんをぬらされるとそとにいると同じくらいだから。とうげのりょうしごやに二人ですんでいるからかわいそうだからせっちんにつれていく。

どちらともいえない

どちらともいえません。理由は、すぐ起きれる時はいけるけど、ぐっすりねむっている時は起こされるとしてもむりだからです。

課題の共有

本時に解決する問いを確認し、意見が似ているグループで根拠や理由を交流してまとめさせる。

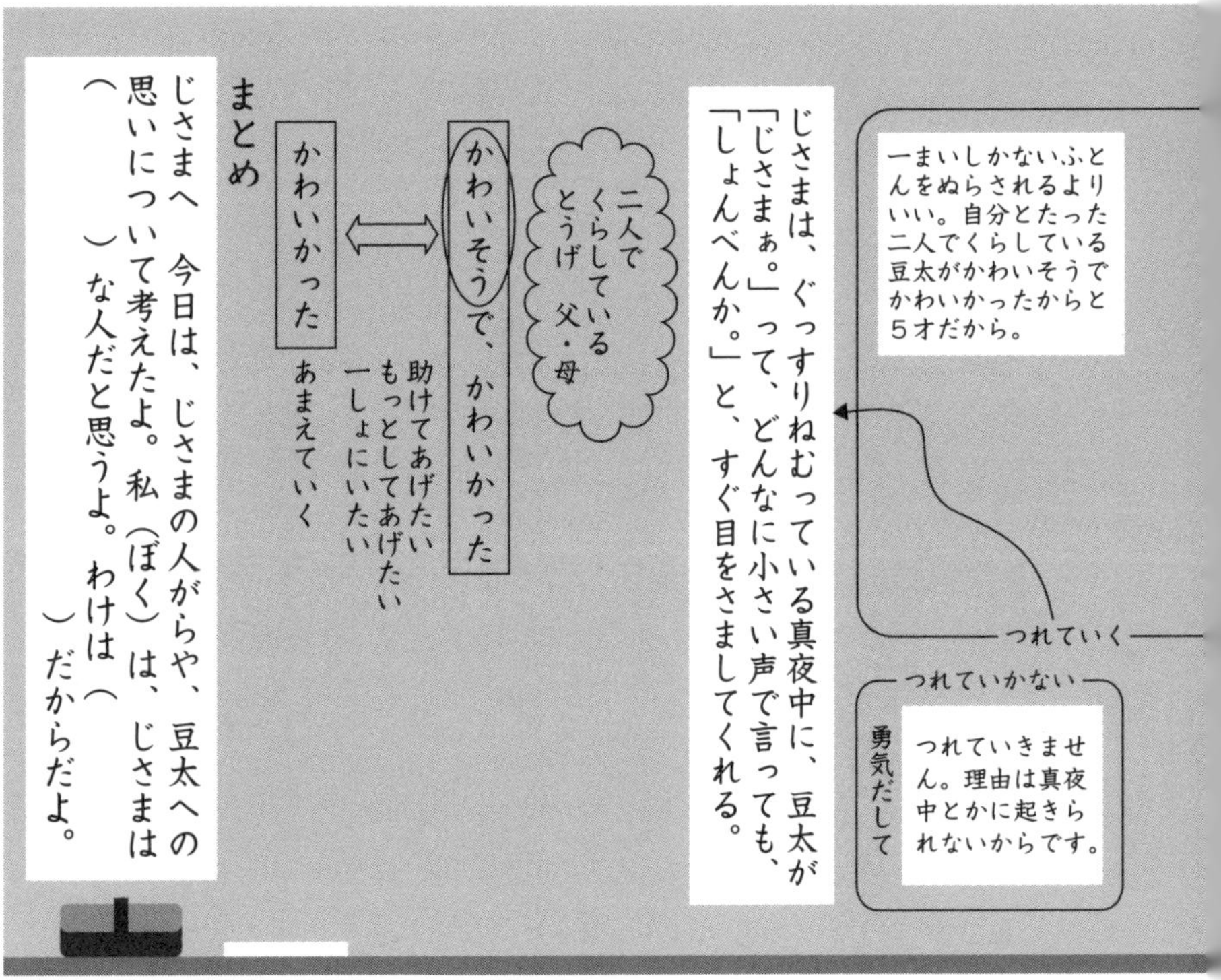
つれていく
一まいしかないふとんをぬらされるよりいい。自分とたった二人でくらしている豆太がかわいそうでかわいかったからと5才だから。
つれていかない
勇気だして
つれていきません。理由は真夜中とかに起きられないからです。
じさまは、ぐっすりねむっている真夜中に、豆太が「じさまぁ。」って、どんなに小さい声で言っても、「しょんべんか。」と、すぐ目をさましてくれる。
二人でくらしているとうげ 父・母
かわいそうで、かわいかった
助けてあげたい
もっとしてあげたい
一しょにいたい
かわいかった
あまえていく
まとめ
じさまへ 今日は、じさまの人がらや、豆太への思いについて考えたよ。私（ぼく）は、じさまは（　　）な人だと思うよ。わけは（　　）だからだよ。

考えの発表

・グループでまとめた考えを出し合い、共通点や相違点について考えさせる。
・じさまの行動の難しさについて話し合わせる。

深める問い

『かわいそうでかわいかった』と『かわいかった』とはどう違うか」を問いかけ、じさまの豆太に対する思いについて話し合わせる。

考えのまとめ

話し合ったことを基に、自分の考えをじさまへの手紙の形で書かせる。

第二時に子どもたちが設定した問いは、「もし、自分がじさまだったら、豆太をせっちんに連れて行くだろうか」です。この問いについて話し合うことを通して、じさまの豆太への思いなどについて気付かせていきます。

グループで話し合う際には、前時と同じように、事前に考えた意見を見て、似ている意見のグループを教師と子どもたちで編成しました。事前の意見を見てみると、全体で「連れて行く」「連れて行かない」「どちらとも言えない」の三つに分けられました。

授業の実際の様子

T　今日の問いは何ですか。
C　「もし、自分がじさまだったら、豆太をせっちんに連れて行くだろうか」です。
T　そうだね。今日はこの問いについて話し合う中で、最後にはじさまの人柄や豆太への思いについて自分の考えをまとめていきましょう。めあてを読みましょう。
C　「じさまの人柄や、豆太への思いを、根拠を集めて考えよう」
T　いつものようにグループで話し合います。もう、話し合い方は大丈夫かな？

教師の思考の流れ

➡問いとめあての確認をしよう。

➡みんなで考えた問いと教師が指導したいことを子どもたちに意識させよう。

➡この時間の最後には、じさまの人柄や豆太への思いについて自分の考えをもたせたい。

➡グループでの意見の出し方については、繰り返し行っているから覚えているはずだ。

C　はい。

T　いつもはホワイトボードに意見を書いていますが、今日の意見は「連れて行く」「連れて行かない」「どちらとも言えない」の三つしかないので、意見ではなく理由を書いてください。グループは、意見が同じ人で集まりましたね。でも、証拠や理由が違うから、しっかり互いの意見を聞いて考えを広げましょう。

ポイント
➡ホワイトボードには、結論のみを書かせることで、後でグループ同士の考えを比較しやすくなる。

ポイント
➡グループ編成の意図を確認することで、話合いのどこに注意して聞けばいいのかを意識させせよう。

〈Bグループの話合い〉

ア　僕から意見を言います。僕は連れて行きません。

イ　同じです。僕も絶対に連れて行きません。

ウ　私も同じで、連れて行かないです。

エ　ア、イ、ウさんと少し違って、連れて行きたいけど、連れて行けないです。

ア　証拠は、「ぐっすりねむっている真夜中に」というところに線を引きました。

ウ　同じ。付け加えで、「どんなに小さい声で言っても、……すぐ目をさましてくれる」も証拠になると思う。

イ　私は、「ああ、いい夜だ。星に手がとどきそうだ。……それ、シイーッ」というところです。

エ　なるほど。僕は、最後の「それでも、豆太は、じさまが元気になると……」というところです。理由もいい？豆太に勇気ある子になってほしいから連れて行かないと思う。最後の「それでも、豆太は、じさまが元気になると、そのばんから、『じさまぁ。』と、しょんべんにじさまを起こした」というところから、甘やかせてせっちんに連れて行ってしまうと、結局勇気ある子にならないと思う。

ア　なるほど。僕の理由は、「ぐっすりねむっている真夜中に」というところから、絶対僕には、ぐっすりねむっている真夜中に起きることができないと思う。
イ　わかる、わかる。アさんにつけ加えで、「どんなに小さい声で言っても、すぐ目をさましてくれる」から、僕だったらじさまと違って、目覚ましの音でも起きられないときがあるから、絶対起きられないので連れて行けないと思う。
ウ　私は、「ああ、いい夜だ。星に手がとどきそうだ。おく山じゃぁ、しかや……それ、シイーッ」と言わないと豆太はしょんべんをすることができないので、毎回そんなことは言いたくないので連れて行かない。
イ　真夜中でぐっすり寝てるときに、起きるのって難しくない？
ウ　それも、めちゃくちゃちっちゃい声でしょ。絶対、無理。
ア　そしたら、「真夜中とかに起きられないから」でいい？
エ　あと、「勇気のある子どもにするために、連れて行かない」も。

T　では、全体で出し合いましょう。意見だけでなく、根拠や理由のどこが違うのかを考えながら聴きましょう。では、Aグループから。
C　私たちのグループは、連れて行きます。「とうげのりょうし小屋に、自分とたった二人でくらしている豆太が、かわいそうで、かわいかったから」というところから、豆太が本当にかわいそうだから連れて行きます。もう一つあって、「豆太のおとうだって、くまと組みうちして、頭をぶっさかれて死んだ」とあるので、おとうだけじゃなく、豆太も殺されてしまったらいや

➡まずは、意見の多かった「連れて行く」から意見を出させよう。「連れて行く」と考えている子どもたちは、じさまの思いに共感して考えているはずだ。

➡根拠を挙げて説明しているな。
もう一つは、豆太のおとうに起きた出来事や住んでいる環境を意識して考えているんだな。

だから連れて行きます。

T じさまの思いや豆太のおとうのことから考えたんですね。同じように、連れていく派はいますか。Cグループ、どうぞ。

C 「一まいしかないふとんを、ぬらされちまうよりいいからなぁ」というところから、霜月で寒いので、しょんべんをもらされて、布団がないと寒くて困るから、豆太をせっちんに連れて行きます。

T 布団が一枚しかないのか。Bグループ、どうぞ。

（Bグループ挙手）

C 私たちは連れて行きません。「ぐっすりねむっている真夜中に」と書かれてあるので、真夜中に起きることができないと思うからです。

C 確かに。

C あと、勇気ある子になってほしいので、教科書の最後を見ると、「それでも、豆太は、じさまが元気になると、……」とあるように、豆太は結局、じさまをせっちんに起こす臆病な子になってしまっているので、勇気ある子にするために、連れて行きません。

T なるほど、そういう考えもあるんだね。他に意見はありますか。Dグループ。

⬇先に同じ「連れて行く」と考えている子どもたちの意見を出させよう。

⬇語り手の部分だが、二人の貧しい生活の様子が見える叙述だ。

⬇Bグループの「連れて行かない」という意見を出させよう。「連れて行かない」という子どもたちは、自分とじさまを比べて考えているんだろう。

⬇共感している子どもも多いようだ。

⬇「勇気ある子になってほしいから」という理由は、最後のじさまの思いについて気付けていないからだろう。単元の後半で考えさせよう。

C　私たちは、「どちらともいえない」で、「じさまは、ぐっすりねむっている真夜中に、豆太が『じさまぁ。』って、どんなに小さい声で言っても、『しょんべんか。』と、すぐ目をさましてくれる」というところから、できるだけせっちんに連れて行ってあげたいんだけど、私には起きられるときと起きられないときがあると思うからです。
C　ああ。
T　○○さん、どうしてうなずいてたの。
C　確かに、どんなに小さな声でもと言われると、起きられるかどうかわからない。
C　そうそう。
T　「どんなに小さな声でも」って、どれくらいの声かな。
C　じさまぁ。（すごく小さな声）
T　おお、今の声で起きられそう？
C　絶対無理。じさまはすごすぎる。
C　絶対起きられません。
T　なるほど、じゃあ、みんなにはできないのに、じさまは何でこの声ですぐに起きることができるのかな。
C　豆太が本当にかわいかったから。

➡じさまの豆太に対する思いにつながる箇所だな。自分との違いについて考えている。

➡他の子からの共感を引き出そう。

➡声の大きさを具体的にイメージさせよう。

➡じさまの行動の難しさを感じているな。

➡なぜじさまにできるのか、豆太への思いに迫らせよう。

C　豆太のことが本当に大切だったから。
T　教科書に証拠はあるかな？
C　「とうげのりょうし小屋に、自分とたった二人でくらしている豆太が、かわいそうで、かわいかったからだろう」
T　「かわいそうで、かわいかった」。どうしてかわいそうなの？
C　たった二人だから。
C　おとうが熊に殺されたから。
C　お母さんもいないから、豆太が寂しいだろうなあと思っていると思う。
T　そうかあ、だから「かわいそうで、かわいかった」なのか。「かわいかった」というのと、どう違うの？
C　……。（考えている様子）
T　グループで少し話してみて。
（グループでの話合い）
C　ただ甘えているのが「かわいい」で、「かわいそうでかわいい」は、友だちも父と母もいないからもっとやさしくかわいがってあげるということです。
C　「かわいかった」と「かわいそうで、かわいかった」を比べると、「かわいそうで、かわいかった」の方が

➡「かわいかった」の叙述のみに反応しているな。「かわいそうで、かわいかった」に着目させよう。

➡叙述を基にしているな。

➡両親のことについては、子どもたちの家庭環境を考慮する必要がある。ここではあまり触れずにいよう。

ポイント
➡「かわいかった」と比較して、じさまの豆太への思いをより深く考えさせたい。

➡「もっとやさしくかわいがる」はいい表現だな。

かわいさが倍になると思う。
T　かわいさが倍になるんだ。みんなもそう思う？
（多くの子どもがうなずく）
T　へえ、みんなもこんな気持ちになった経験があるかな。例えば、ペットを飼っている人とか。
（何人かが挙手）
C　犬を飼っているんですけど、病気になってしまって、餌も食べずにぐったりしているときがあったんです。そのときに、代わってあげたい、何とか助けたい気持ちになりました。
T　自分が代わってあげたい、何とかして助けたい気持ちかぁ。じさまも、豆太に同じような思いをもって、大切に育てていたからこそ、毎晩豆太をせっちんに連れて行ったのかもしれませんね。今日は、「もし、自分がじさまだったら、豆太をせっちんに連れて行くか」の問いから、じさまの豆太への思いを考えていきました。あなたの意見をじさまに語りかけるようにプリントに書いて、その根拠や理由も書きましょう。では、どうぞ。

➡「倍になっている」とは、おもしろい表現だな。

➡みんなも共感しているようだ。

➡ペットの経験を基に、具体的に考えさせてみよう。

➡じさまの心情を考えるうえでは、少しずれてしまったか。少し解説して、まとめに入ろう。


本時は、子どもたちが設定した「もし、自分がじさまだったら、豆太をせっちんに連れて行くだろうか」という問いについて各グループごとに話し合わせ、自分と比較しながら、じさまの行動の難しさを考えさせました。その後、「なぜじさまはどんなに小さな声でも起きるのか」「『かわいかった』と『かわいそうで、かわいかった』の違い」について教師から問うことで、じさまの行動の裏にある豆太への愛情について気付かせていきました。

【終末段階で子どもたちが書いたじさまへのお手紙の例】

●ぼくは、少しかわって、つれて行けないかもしれないと思ったよ。じさまはやさしい人だね。わけは、じさまは豆太のことを一番に思っているし、豆太のために行動しているからだよ。じさまは、豆太を守りたい気もちがすごいよ。

●私は、やっぱりじさまといっしょでつれて行きます。じさまはとっても子ども思いな人だと思うよ。わけは、真夜中に豆太がどんなに小さな声でというのは、豆太のことがものすごく大切で目をさますからだよ。これからも、豆太を守りながらついていってあげて、豆太を守ってあげてね。

第3時　「豆太は、なぜ勇気ある人になったのか」について話し合い、豆太への手紙を書く。

指導目標

○豆太の変化について、前の場面と比較したり関係付けたりして具体的に想像すること。

モチモチの木の世界を深めて楽しもう

モチモチの木

めあて
豆太のへんかについて、こんきょを集めて考えよう。

豆太は、なぜゆう気ある人になったのか。

一人で夜中にせっちんに行けない
↑へんか
一人で真夜中に医者様をよびに行ける

じさまを助けたい

じさまがくるしんで死にそうになっていたから。

じさまが死ぬのがこわかったから。じさまが大すきだったから。

大すきなじさまを助けたかったから。

課題の共有

本時に解決する問いを確認し、意見が似ているグループで根拠や理由を交流してまとめさせる。

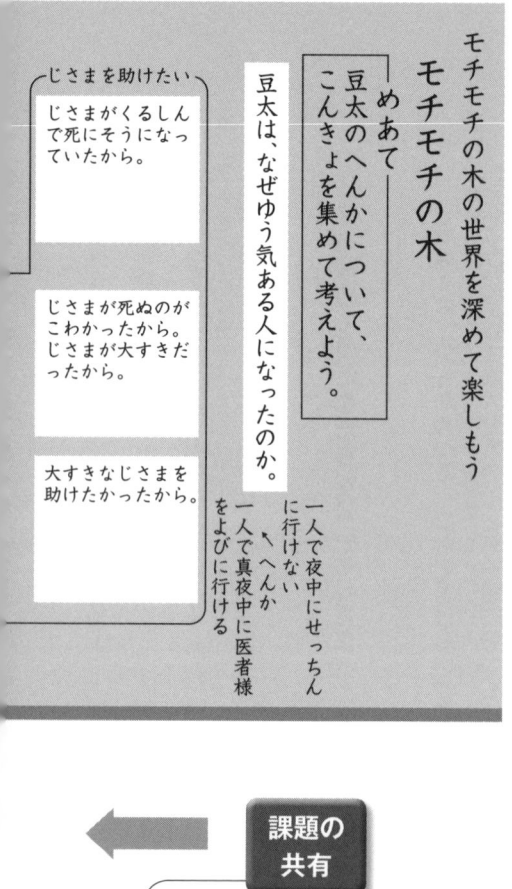

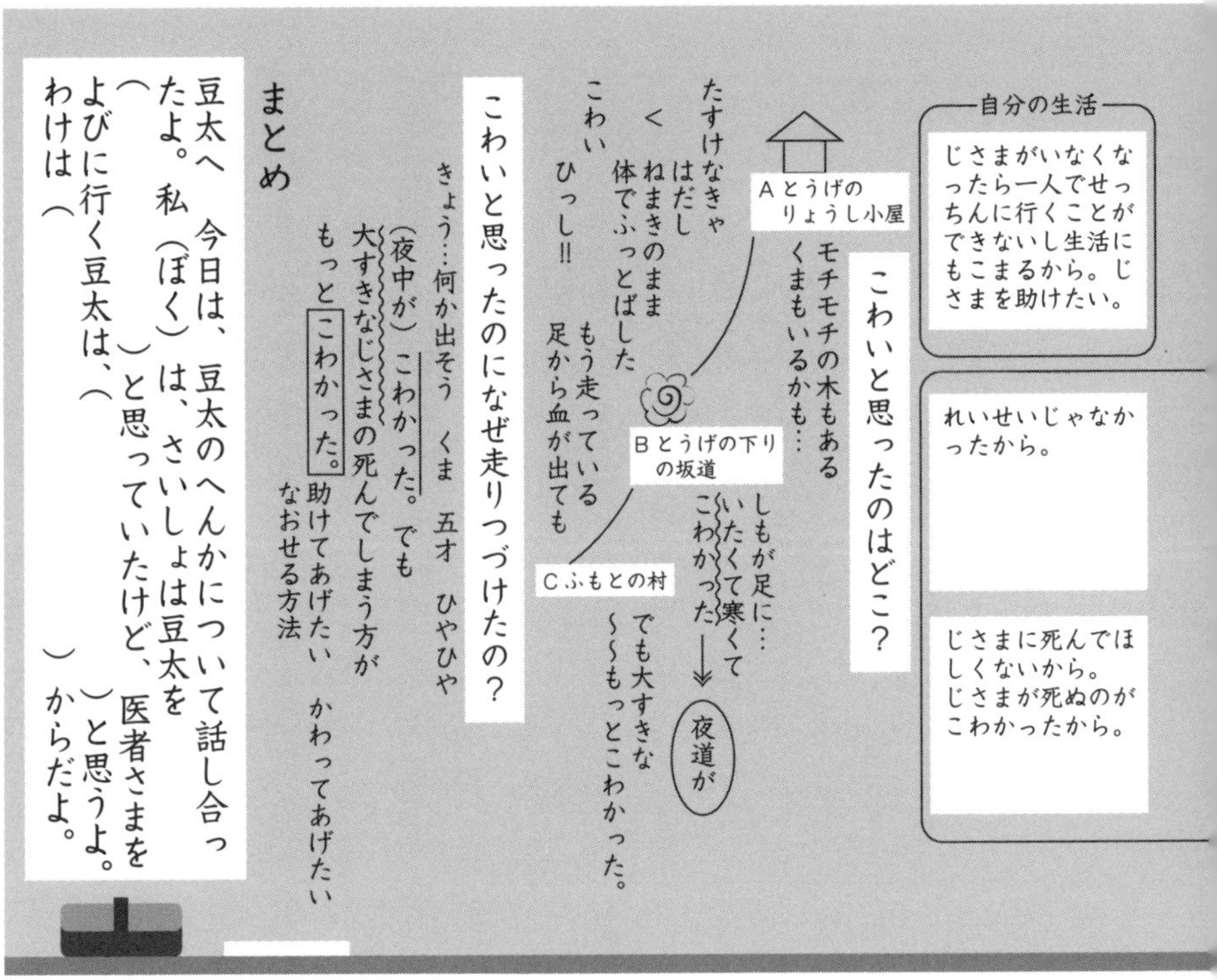

自分の生活

モチモチの木もあるくまもいるかも…

たすけなきゃ はだし
＜ ねまきのまま 体でふっとばした
こわい ひっし!!
もう走っている 足から血が出ても
こわいと思ったのになぜ走りつづけたの？
きょう…何か出そう くま 五才 ひやひや

助けてあげたい かわってあげたい
なおせる方法

考えの発表

・グループでまとめた考えを出し合い、共通点や相違点について考えさせる。
・豆太の行動の具体的なイメージについて話し合わせる。

深める問い

「豆太が怖いと思ったのはどこか」を問いかけ、豆太の気持ちの変化について話し合わせる。

考えのまとめ

話し合ったことを基に、自分の考えを豆太への手紙の形で書かせる。

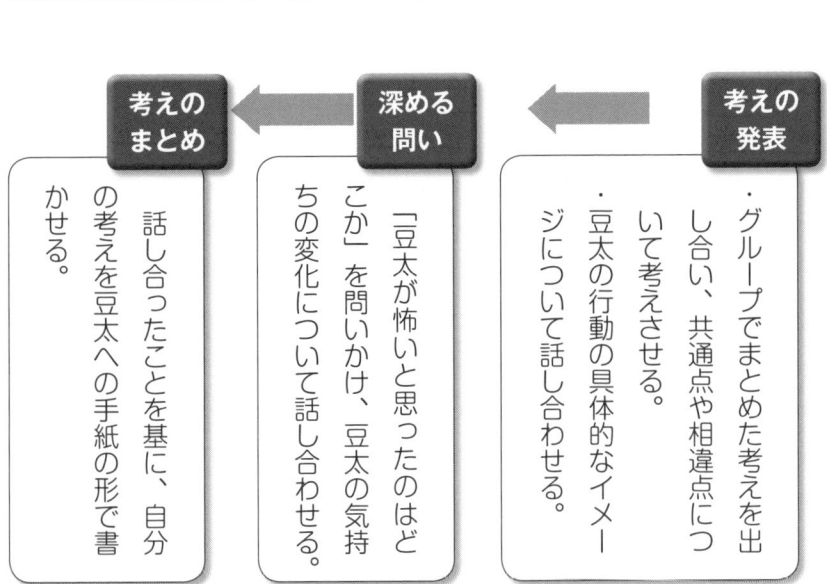

第三時に子どもたちが設定した問いは、「豆太は、なぜ勇気ある人になったのか」です。この問いについて話し合うことを通して、豆太の変化について気付かせていきます。

グループで話し合う際には、前時までと同じように、事前に考えた意見が似ているグループを自分たちで編成させました。事前の意見を見てみると、全体で「じさまを助けたい」「自分が生活することができなくなる」の二つに分けられました。

授業の実際の様子	教師の思考の流れ
T　今日みんなで考えていく問いは何でしたか。 C　「豆太は、なぜ勇気ある人になったのか」です。 T　そうだったね。豆太は、最初一人でせっちんに行くことができなかった。でも、第三場面で豆太はどうなりましたか。 C　一人で真夜中に医者様を呼びに行けた。 T　うん、今まではできなかったことが、できるように変化しましたね。それは、なぜなんだろう。今日もまた、みんなの問いについて考えて、最後には豆太の変化について自分の考えをまとめていきましょう。めあてを読みますよ。 C　「豆太の変化について、根拠を集めて考えよう」	➡本時の学習につなげるために、一度豆太の変化を確認しよう。 ➡今回は、子どもが設定した問いが、そのままめあてに当てはまるな。

T　いつものようにグループで話し合いましょう。今日もグループは、意見の近い人で集まっていますね。根拠や理由の違いをしっかり聴き合って考えを広げましょう。では、始めてください。

➡意見の聴き方の確認をして、すぐに話合いに入ろう。

〈Dグループの話合い〉

ア　では、私から意見を言います。私は、じさまを助けたかったからだと思います。
イ　僕もアさんと同じです。じさまを助けるために勇気を出したと思います。
ウ　僕もアさんとイさんと似ていて、じさまに死んでほしくなかったからだと思います。
エ　同じです。じさまに死んでほしくないから、医者様を呼びに行けたと思います。
オ　私も、豆太は、じさまに死んでほしくなくて勇気ある子になったのだと思います。
ア　そしたら、根拠ね。私は、「医者様をよばなくっちゃ」という豆太の言葉です。
エ　僕は、「医者様のこしを、足でドンドンけとばした」という叙述にしました。
ウ　付け加えで、僕はその叙述と、「豆太は、なきなき走った」という叙述です。
イ　僕は、「じさまっ。」です。
オ　私は、「大すきなじさまの死んじまうほうが、もっとこわかった」という叙述です。
ア　じゃあ、理由ね。私は、「医者様をよばなくっちゃ」という叙述から、豆太のじさまを助けたい気持ちが伝わってくると思う。
エ　僕は、「医者様のこしを、足でドンドンけとばした」というところから、豆太が急いでいる様子がよく分かるので、じさまに死んでほしくなくて助けたいのだと思う。
イ　確かに。

ウ　付け加えで、「なきなき走った」という叙述から、じさまが死にそうで、それを何とかして助けたいという思いが伝わってくる。
イ　僕は、「じさまっ。」という豆太の言葉から、じさまが急に腹痛になって、あせっていることが分かると思います。
オ　私は、「大すきなじさまの死んじまうほうが、もっとこわかった」という叙述から、大好きなじさまが死ぬのが怖いという気持ちが分かると思う。
ウ　モチモチの木も怖いけど、もっとじさまが死ぬ方が怖い。
ア　そうしたら、「じさまに死んでほしくないから」と「じさまが死ぬのがこわかったから」の両方を書くよ。
（他の子どもが「いいよ」と反応する）

T　では、全体で出し合いましょう。Aグループから、どうぞ。
C　豆太が勇気ある人になったのは、じさまが苦しんで、死にそうになっていたからだと思います。「くまのうなり声」や「歯を食いしばって、ますますすごくうなるだけだ」というところから、じさまが苦しんでいることが分かるからです。
T　なるほど、じさまのくまのうなり声みたいな声って、どんな感じかな?
C　うお～（いろいろなうなり声）。

➡他のグループの意見を自分たちと比較しながら聴くようにさせよう。
まずは、じさまが苦しんでいるというところを確認したい。

➡実際に「くまのうなり声」を出させて、じさまの苦しさを具体的にイメージさせよう。

T　みんなすごく苦しそうだなあ。じさまはどんな状態なのかな？
C　死にそう。
C　かなり苦しそう。
T　そうか。じゃあ、ますますすごくうなるとは、どういうことなの？
C　痛みがどんどん強くなって、うなり声もどんどん激しくなっていっているということだと思います。
T　じさまは、そんな状況なのかあ。（Cグループ挙手）では、Cグループ、どうぞ。
C　Aに付け加えで、大好きなので、じさまの死ぬのが、こわかったからです。「大すきなじさまの死んじまうほうが、もっとこわかったから」とあるように、豆太はじさまを大切に思っているからです。
C　（Bグループ挙手）Cに似ています。
T　Bグループ、どうぞ。
C　じさまがもしいなくなると、せっちんに行くことができないのと、生活することにも困るので、じさまを助けたいんだと思います。
T　うん？　先生には、CとBの意見は、違う意見に聞こえたなあ。みんなは違いが分かったかな？

⬇「ますますすごくうなる」からも、じさまの苦しさを想像させよう。

⬇豆太のじさまに対する思いに方向付けしよう。

⬇少し違う「自分が生活することができなくなる」という意見のグループが挙手している。

⬇考えの違いについて考えさせよう。

C　分かる。Cはじさまが大好きだからで、Bはせっちんに行けなくなるから。

C　Cはじさまが大好きだから死んでほしくなくて、Bは生活できなくなるから？

T　もちろん、絶対にこっちとは言い切れないけど、どっちの気持ちの方が強かったのかなあ。

C　大好きだから死んでほしくない方っ！

C　（Dグループ挙手）Cグループと似ていて、大好きなじさまに死んでほしくないからです。「医者様のこしを、足でドンドンけとばした」というところから、豆太の必死さが伝わてきます。

C　付け加えで、豆太は、早くじさまを治してほしいという思いから、医者様の腰を、足でドンドン蹴飛ばしたんだと思います。

C　（Eグループ挙手）豆太が冷静じゃなかったからだと思います。

T　冷静じゃなかったってどういうこと？

C　落ち着いた状態ではないということです。豆太は、冷静でいられないほど、じさまを助けたいと思っていたと思います。表戸を体でふっとばしたり、医者様を蹴飛ばしたりしたところから、冷静ではないことが分

➡理解しているようだ。

➡生活への不安がないと断定できない。どちらの気持ちの方が強かったのかで考えさせよう。

➡豆太の気持ちが分かる行動に着目しているな。

●ポイント
➡無我夢中になっていることに気付いている意見だな。みんなで共有できるように、詳しく説明させせよう。

➡叙述に目をつけている。

かります。そのくらい助けたかったのだと思います。

C　すごい。

C　なるほど。

T　表戸って何？

C　ドアのこと。

T　そのドアをどうしたの？

C　体でドーンと、ふっとばしました。

C　すごい。

T　うん？　でも普通ドアは手で開けますよね。何で豆太は体でふっとばしたの？

C　じさまを助けたいという気持ちから。それぐらい必死だったっていうこと。

T　なるほど。

C　（Fグループ挙手）私たちの意見も、大好きなじさまを助けたかったからです。証拠は、前の班と似ていて、「医者様をよばなくっちゃ」と「表戸を体でふっとばした」と「大すきなじさまの死んじまうほうが、もっとこわかった」から、じさまを何とか助けたい気もちが伝わってくるからです。

T　みんなが出してくれた意見では、大好きなじさまを助けたかった、じさまに死んでほしくないっていう気

⬇具体的な行動をイメージさせていこう。

ポイント
⬇普段の行動と比較して、その行動が伝える豆太の気持ちを考えさせたい。

⬇豆太のじさまを助けたい気持ちについては、共通理解できてきた。その思いがなぜ勇気につながるのかについ

持ちが強かったからという意見が多いみたいだね。でも、ちょっと待ってよ。真夜中に医者様を呼びに行く夜道を、豆太は怖いと思ってないの？

C　怖いと思っている。

T　このときの豆太が、夜道を怖いと思ったのはどこなのかな……？　みんなはどう思う？　次のうちから考えてみて。

A「とうげのりょうし小屋」

B「とうげの下りの坂道」

C「ふもとの村」

どこ？（黒板上で提示）

C　う〜ん……。

T　グループで話してみる？（「はい」という返事）。では、話してみてください。

（グループで話合い）

T　では、まずみんなの考えを聞かせてください。Aと思う人（五人挙手）、Bと思う人（多数挙手）、Cと思う人（0人）。これはないか。では、それぞれ理由を教えてください。

C　私はAだと思います。峠の猟師小屋の前には、でっかいモチモチの木が、お化けみたいに立っていて怖い

➡て方向付けしよう。

➡怖いという気持ちが完全に消えたわけではないことを確認しよう。

●ポイント

➡怖いという気持ちが出てくる豆太の心の動きを想像させよう。

➡ここは、時間を取って考えさせたい。

➡やはりAだと考える子どももいるな。Aの意見の子どもたちから言わせた方が発表しやすいだろう。

➡このときの豆太の無我夢中の気持ちにはまだ気付けていないのかな。

からです。

C　付け加えです。反対にBは、もうモチモチの木がないから、そんなに怖くないと思います。

C　僕も付け加えで、父が熊に頭をぶっさかれて殺されてしまったので、峠の猟師小屋から出るのは怖いのではないかと思います。

C　私はBだと思います。「霜が足にかみついた。足からは血が出た」と書いてあって、その後に、「豆太は、なきなき走った。いたくて、寒くて、こわかったからなぁ」と書かれてあるので、Bだと思います。

C　「小犬みたいに体を丸めて、表戸を体でふっとばして走りだした」と書いてあって、小屋では怖いと思ってないと思います。

T　「小犬みたいに体を丸めて、表戸を体でふっとばして走りだした」ってどんな感じ？　ちょっとやってみて（簡単に動作化させる）。なるほど、こんな感じなのか。どんな気持ちなんだろう。

C　助けなきゃっ！

C　やっぱり怖いと思ってない。

C　付け加えで、「ねまきのまんま。はだしで。半道もあるふもとの村まで――」のところも怖いというより

➡Aの意見の子どもたちは、この瞬間の豆太の気持ちよりも設定場面とつなげて考える傾向があるようだ。

➡豆太が怖さを感じている根拠が出てきた。

ポイント
➡行動から気持ちを想像している。ここは、動作化させて豆太の行動のイメージを共有して考えさせよう。

➡別の叙述にも着目できている。

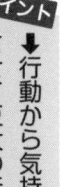

も、必死なんだと思います。
C　なるほど。
C　確かに。（うなずく）
T　なるほど、必死なんだね。だから、Aでは怖さを感じていなくて、Bで怖さを感じたんだね。では、何で豆太は、怖いのに走り続けたのかな。
C　たしかに夜道は怖かったと思うけど、大好きなじさまが死ぬ方がもっと怖かったからだと思います。
C　付け加えで、豆太はじさまのことが本当に大好きだから、絶対に死んでほしくないと思ったから走り続けたんだと思います。
C　似ていて、じさまの死んでしまうのに比べたら、夜中の怖さは我慢できたから、走り続けたのだと思います。
T　なるほど。真夜中の怖さとじさまが死んでしまいそうな怖さって、同じなのかなあ……。
C　違います。
T　どう違うの？　説明してください。
C　う～ん……。
T　分かるところまででいいから、グループで話し合ってみて。

「必死」という言葉が出てきた。

➡二つの「怖さ」の違いについて考えるように方向付けていこう。

➡じさまが死んでしまう怖さの方が強いことは確認できたな。質の違いを聞いてみよう。

（この問いかけは三年生には難しいことは分かっているが、これから考えていくきっかけにしてほしい）

（グループでの話合い）

C 真夜中の怖さは、何か出そうで、後ろに誰かいてぞくぞくするような怖さ。

C ひやひやする、恐怖の怖さ。

T では、じさまが死んでしまう怖さって、どんな怖さなんだろう。そんな気持ちになったことってあるかなあ。

C 自分の犬が病気で死にそうになってしまったとき、死んでしまうのが怖くて助けてあげたいと思いました。

C 僕も飼っていた猫が死にそうになったときには、死んだら会えなくなるから、怖い気持ちになりました。

T なるほど、みんなの言うように、大好きな家族のような存在がいなくなってしまうことって、とても怖いことだよね。だから豆太は、じさまのために、夜道を医者様を呼びに行くことができたんでしょうね。では、今日のまとめを書きます。今日の問いについて、あなたの意見を豆太に語りかけるように書いて、その根拠や理由も書きましょう。では、どうぞ。

⬇身近なペットの死とつなげて考えている。全員が理解するのは難しいかもしれないが、質の違いをみんなで何となく感じ取る例としては、とても分かりやすいだろう。

本時は、「豆太は、なぜ勇気ある人になったのか」という子どもたちが設定した問いについての考え（意見、根拠、理由）を各グループごとで話し合わせた後で、「どこで怖いと思ったのか」「怖いと思ったのに走り続けたのはなぜか」の順で発表させました。その中で、豆太がじさまを本当に心配に思っていることや、豆太のじさまを大好きな気持ちに気付かせていきました。

子どもたちには、動作化を交えながら豆太の行動について共通のイメージをもたせ、じさまを助けようと無我夢中で行動する豆太の気持ちについて考えさせました。夜の（モチモチの木の）「怖さ」とじさまの死に対する「怖さ」の違いについては、身近に死を体験していない子どもにとっては少し難しい問いだったかもしれません。

【終末段階で子どもたちが書いた豆太へのお手紙の例】

●ぼくは、さいしょは豆太をとてもこわがりな人だと思っていたけど、医者様をよびに行く豆太は、とてもゆう気があり、じさまを助けたいと思っている人だと思うよ。五才の子どもが、一人で夜中に医者様をよびに行くことができたなんて、豆太は、本当にすごい人だよ。これからもゆう気のある人のままでじさまを助けてあげてね。

●わたしは、さいしょはおくびょうだった豆太が、医者様をよびに行くほど、ゆう気を出したことがすごいと思うよ。夜中で寒かったのに、一人でふもとの村まで走って行くなんてすごいゆう気だよ。すごくじさまを大切にする気持ちが分かったよ。

●わたしは、豆太をかっこよくてゆう気のある人だと思ったよ。さいしょはおくびょうだったのに、じさまが苦しんでいたら、足に霜がかみついていたくても、じさまに死んでほしくないと思って医者様のところまで走って行けたからだよ。

第4時 「豆太は、最後になぜ弱虫にもどったのか」について話し合い、豆太への手紙を書く。

指導目標

○じさまの豆太への思いや豆太に対する自分の評価について考えること。

モチモチの木の世界を深めて楽しもう

モチモチの木

めあて
さい後の豆太のすがたについて、自分の考えをまとめよう。

豆太は、さい後になぜ弱虫にもどったのだろうか。

あまえている
- じさまがげんきになったから。
- あまえたかったから。
- もどったからいい。

課題の共有

本時に解決する問いを確認し、意見が似ているグループで根拠や理由を交流してまとめさせる。

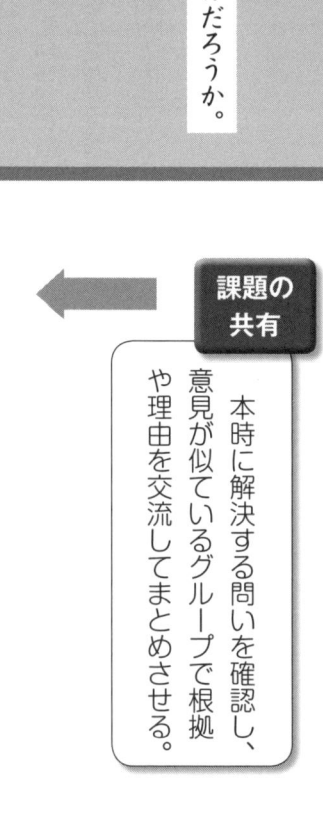

じさまは、またせっちんに起こす豆太をどう思っている。

かわらない

じさまが元気になったから。
人はかわらないから。

やさしさが大切

弱虫にもどったんじゃない。

弱虫とかそういうことではなく、気もちで変わるから。じさまが元気になったから。じさまが大すきだったから。

教科書133ページの挿絵掲示

・大すき　そのままでいい
人間、やさしささえあれば、やらなきゃならねぇことは きっとやるもんだ

大すきなものがあぶない時には どんなこわいことでものりこえる やさしささえあれば…

みんなは豆太をダメな子と思う？

ダメな子と思わない。
・じさまを助けたい。気持ちが強い。
・自分だったら出られない。豆太は村まで行った。
・おくびょうでもやさしさがある。
・人一倍やさしい、どんなことがあっても。

考えの発表

・グループでまとめた考えを出し合い、共通点や相違点について考えさせる。
・じさまの言葉の意味について話し合わせる。

深める問い

「じさまは、またせっちんに起こす豆太を、どう思っているか」を問いかけ、じさまの豆太に対する思いについて話し合わせる。

考えのまとめ

話し合ったことを基に、自分の豆太に対する考えを豆太への手紙の形で書かせる。

第四時に子どもたちが設定した問いは、「豆太は、最後になぜ弱虫にもどったのだろうか」です。この問いについて話し合うことを通して、最後の豆太に対する自分なりの考えをもたせていきます。

グループで話し合う際には、前時までと同じように、事前に考えた意見が似ているグループを自分たちで編成させました。事前の意見を見てみると、全体で「じさまに甘えたかったから」「人はなかなか変わらないから」「弱虫になったわけではない」の三つに分けられました。

授業の実際の様子	教師の思考の流れ
T　今日みんなで考えていく問いは何でしたか。 C　「豆太は、最後になぜ弱虫にもどったのだろうか」です。 T　そうだったね。話し合う前に、確認したいんだけど、前の時間までは、豆太はどのように変化していましたか。 C　臆病な豆太から、勇気のある豆太に変化しました。 T　それが、また変化するの？ C　はい。最後また、勇気のない弱虫豆太にもどります。 C　せっちんに行けなくなります。	⬇本時の学習につなげるために、前時までの豆太の変化を確認しておこう。

T　なるほど、そうなんだね。今日はこの問いについて根拠になる叙述を見つけて話し合う中で、最後の豆太の姿についての自分の考えをまとめていきましょう。今日のめあてを読みましょう。

C　「最後の豆太の姿について、自分の考えをまとめよう」

T　いつものようにグループは、意見の近い人で集まっていますね。根拠や理由の違いをしっかり聴き合って考えを広げましょう。では、始めてください。

➡話合いの仕方を簡単に確認して、すぐに話合いに入ろう。

（Bグループの話合い）

ア　じゃ、僕から意見を言います。じさまが元気になったからです。

イ　同じです。

ウ　私は○○さん、○○さんと少し違って、じさまのことが大好きだからだと思います。

エ　私も似ていて、じさまに甘えたかったからだと思います。

ア　根拠は、僕は、「――それでも、豆太は、じさまが元気になると、そのばんから、『じさまぁ。』と、しょんべんにじさまを起こしたとさ」というところに線を引きました。

イ　一緒です。

ウ　私は前のページに戻って、一二九ページの「大すきなじさま」というところを根拠にしました。

エ　私は、最後の「じさまぁ。」という言い方が根拠になると思いました。

ア　じゃあ、理由ね。僕は、「豆太は、じさまが元気になると、そのばんから、『じさまぁ。』と、しょんべんにじさまを起こしたとさ」という叙述から、じさまが元気になってから、豆太は弱虫にもどっていることが分かると思うからです。

イ　同じ。僕も同じで、「元気になると、そのばんから」というところから、じさまが元気になると豆太はもとにもどっているからです。

エ　私は、「じさまぁ。」というところから、じさまに甘えていることが分かるから、まだ五才の豆太は、まだまだじさまに甘えたいんだと思う。

ウ　私も似ていて、豆太はじさまのことが大好きなので、一緒にしょんべんに行きたいんだと思う。

ア　じゃあ、「じさまが元気になったから」と「甘えたかったから」？

エ　じさまが元通り元気になったから、甘えてもいいと思った。

イ　うん、元に戻ったからいいやと思ったんじゃない？

T　では、全体で出し合いましょう。Aグループから、どうぞ。

➡まずは、叙述の言葉からそのまま考えやすい「じさまに甘えたかった」から意見を出させよう。

C　豆太は甘えたかったから、弱虫にもどったんだと思います。根拠は、「それでも、豆太は、じさまが元気になると、そのばんから、『じさまぁ。』と、しょんべんにじさまを起こしたとさ」というところから、豆太の甘えたい気持ちが分かるからです。

T　なるほど。今の叙述のどの言葉から、特に豆太の甘えたい気持ちが分かりますか。

➡もう少し根拠となる叙述を絞らせよう。

C　「じさまぁ。」です。

T　何で、「じさまぁ。」から分かるんですか。

➡もう少し詳しく説明させよう。

C　「じさまぁ。」の言い方が、じさまを助けないといけないときの「じさまっ。」という言い方ではなく、最初の甘えていたときの「じさまぁ。」という言い方にもどっているからです。

C　なるほど。

C　確かに。

T　前の場面の豆太の言い方と比べたんだね。なるほど、そうすると変化が分かるね。すごいなあ。では、Bグループ、どうぞ。

C　じさまが元に戻ったから甘えてもいいです。根拠は、Aグループと同じで、「それでも豆太は……起こしたとさ」というところから、じさまが元気になったから、甘えてもいいやという豆太の気持ちが分かるからです。

T　なるほどね。では、Cグループ、発表してください。

C　人はそんなに変わらないからです。自分のことで言うと、三年生の自分は、四年生になってもそんなに変わらないと思うからです。

C　付け加えがあります。僕だったら、朝なかなか起きれられないんですけど、豆太も同じように、簡単にはなおらないと思うからです。

⬇前の場面の豆太の言葉との比較から、豆太の甘えた気持ちを説明している。

⬇他の子どもたちも納得しているようだ。

ポイント

⬇前の場面と比較した読み方を称賛しよう。

⬇「甘えてもいいとき」「甘えてはいけないとき」を豆太が判断できるようになったということか？　豆太が自覚的かどうかは判断できない。

⬇今の意見を人の特性として見ているCグループの意見を出させよう。

⬇自分たちの変化の実感で考えているんだな。

⬇自分の経験から話しているところがおもしろいな。他の子どもたちにも、この意見を広げていこう。

T　なるほど、今の○○君の気持ちや豆太の気持ちが分かる人いる？　○○さん。

C　ずっと同じことをしていたら、変えたくても変わらないんだと思います。

T　豆太も、変えたくても変わらなかったのかもしれないということかな。Aグループ、Bグループの意見をCグループの意見はまとめているような感じだね。Dグループはどうかな。

C　豆太は、弱虫にもどったのではなくて、豆太は最初から最後まで変わっていないと思います。

T　豆太は最初から最後まで変わっていない……、それはどこから分かるんですか。

C　「弱虫でも、やさしけりゃ」というところです。

C　ああ。

C　ん、どういうこと？

C　なるほど。

T　もう少し説明してくれる？

C　弱虫っていうのはずっと変わらない豆太で、だけど、やさしさで、豆太は何かあったときに助けたりすることができるっていうことです。

C　ああ。

ポイント

➡三つのグループの意見の関係を確認して、次の視点が違うグループの意見に移ろう。

➡他の子どもたちに分かるように、もう少し説明させよう。

➡納得と疑問の声が出ている。もう少し説明させよう。

➡豆太の中に元からあるやさしさのことを言っているんだな。じさまの言葉を理解しているな。

C 確かに。
T でも、豆太は最後、結局じさまをせっちんに起こすよね。じさまはそんな豆太をどう思っているんだろう。
C う〜ん……。
C かわいいと思っているかな。
T 少しグループで話してみて。
（グループでの話合い）
T じさまは、豆太のことをどう思っているの？
C このままでいいと思っています。
C 大好きだと思っています。「人間、やさしささえあれば、やらなきゃならねえことは、きっとやるもんだ」というところから、じさまは、豆太をそのままでいいと思っているからです。
T ん、どういうこと？ 他の人、説明できる？
C やさしさがあったら、本当にじさまが危険だとか、大好きなものが危ないときには、どんな怖いことがあっても、乗り越えることができるということだと思います。
C そう、そう。
C その人のためにがんばれる。
T なるほど、みんなが言うように、じさまは豆太のこ

⬇納得している子たちも多いようだ。
⬇ここで、じさまの豆太に対する見方について考えさせよう。

●ポイント
⬇間を空けて、友だちと話し合いたい気持ちを高まらせよう。

⬇じさまの言葉の意味を考えているな。みんなが考えられるように、他の子どもにもう少し詳しく説明させよう。

⬇みんな同意しているようだ。
⬇今度は自分自身の考えについて問いかけよう。

とをこのままでいいと思ってるのかもしれないね。じゃあ、みんなはどうなの。豆太のことをダメな子だと思いますか……。（間）ダメな子だと思う人。（挙手0人）

T　ダメな子だとは思わない人。（全員挙手）

T　どうしてそう思うの？

C　私は、ダメな子だとは思いません。理由は、前の授業を振り返ると、豆太はじさまを思う気持ちがとても強くて、まだ五歳なのに、真夜中にじさまを助けるために半道も裸足で走っていて、私だったらできないからです。

C　豆太は臆病だけど、人一倍やさしさがあるので、豆太はどんなことがあってもやるときはやると思うからです。

T　みんなは、どうかな。では、今日のまとめとしてそれを書こうか。問いは、「豆太は、最後になぜ弱虫にもどったのだろうか」だけど、今日は豆太はダメな子なのか、あなたの意見を豆太に語りかけるように書いてみましょう。

少し間を取って、考えさせよう。

⬇やはり全員が「ダメな子だとは思わない」という意見になった。何人かに発言させた後で、全員に考えを書かせよう。

本時の子どもたちの問いである「豆太は、最後になぜ弱虫にもどったのだろうか」について各グループごとに話し合わせた後、発表させる際には、「再び甘える豆太の気持ち」から「なかなか変わらない人の性質」、そして「元から変わらずもっていた豆太の性質」の順に発表させていきました。そうすることで、その後のじさまの言葉や豆太のありのままを受け止めているじさまの見方の理解へとつなげていきました。その後、子どもたち自身の豆太に対する見方を問いかけ、一人一人に自分の考えを書かせるようにしました。

【終末段階で子どもたちが書いた豆太へのお手紙の例】

●わたしは、豆太をダメな子と思わなかったよ。わけは、前の勉強をふり返ってみてみると、豆太はじさまのことが大すきで、じさまをすごく助けたいという気持ちがあったよね。弱虫でも、やさしささえあれば、ゆう気が出せるからね。

●ぼくは、豆太をダメな子と思わないよ。わけは、じさまにやさしくするようなゆう気があって、こわくて、寒くて、いたい思いをしてまでじさまを助けたからだよ。豆太は、弱虫じゃなく人一倍やさしい人だよ。豆太、豆太はとっても勇気のある子どもなんだから、そのまま、みんなにやさしくしてね。

この後、第三次では、本単元を通して身に付けた読み方を活用させ、定着を図るために、斎藤隆介の他の作品の紹介カードを作成しました。導入段階で紹介した作品『ふき』『かみなりむすめ』『花さき山』などを「モチモチの木」の学習期間中に教室内の読書コーナーに置き、自由に読めるようにしておきました。子どもたちには、紹介カードを作成するために、その中からおすすめの物語を選択させます。そして、「物語の設定」「登場人物の性格」「人物の変化」「斎藤さんが伝えたいこと（私が受け取ったメッセージ）」を入れるように説明し、二時間かけて作成させました。

紹介カードを作成させる際には、それぞれの観点に対して、次のようなステップを示して作成させました。

物語の設定

①「時」「場所」「登場人物」を書く。

②登場人物のうち、主人公は誰かを書く。

登場人物の性格

①登場人物を二人程度（主人公・対人物）書く。

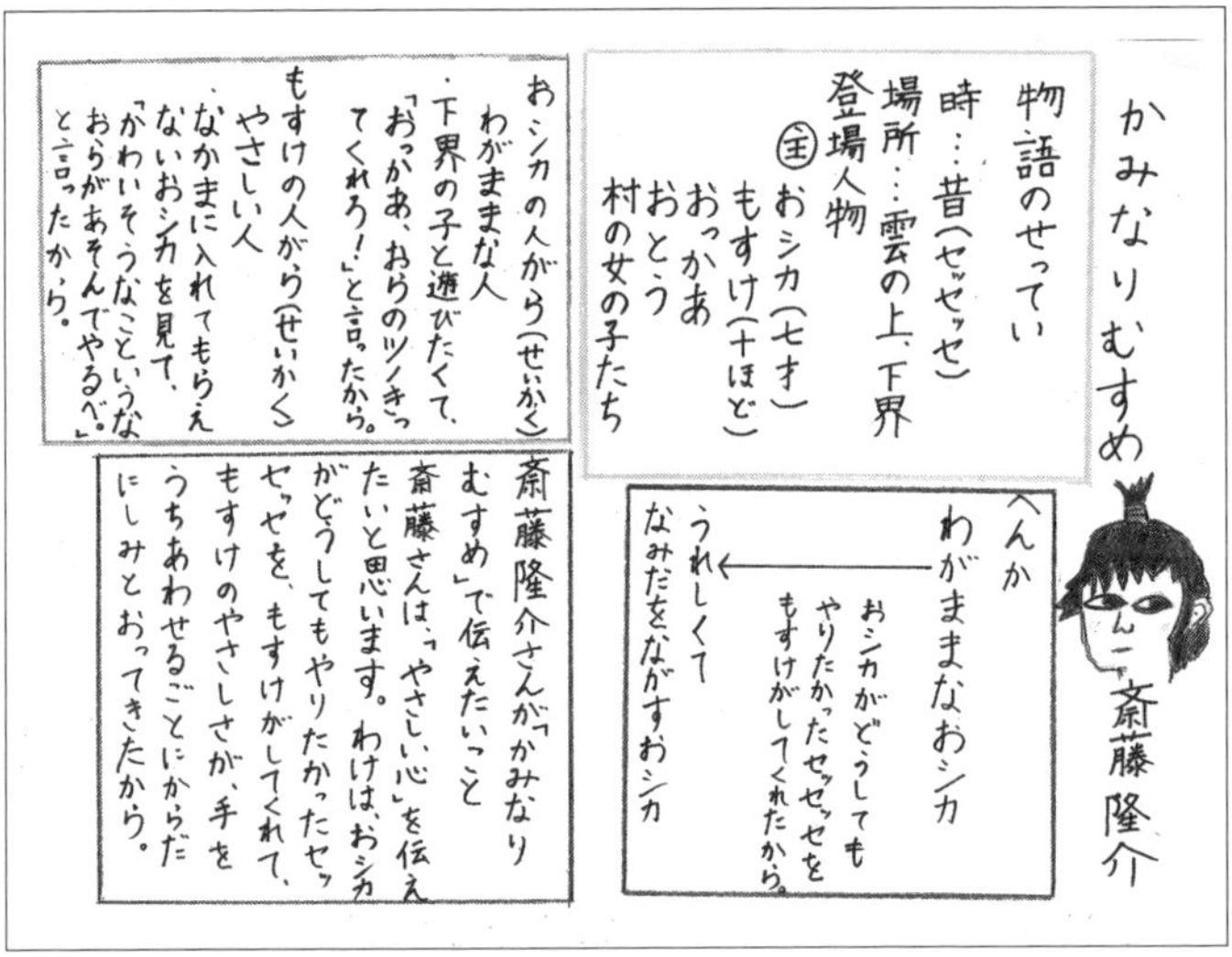
かみなりむすめ斎藤隆介
物語のせってい
時…昔(セッセッセ)
場所…雲の上、下界
登場人物
㊟おシカ(七才)
もすけ(十ほど)
おっかあ
おとう
村の女の子たち
へんか
わがままなおシカうれしくてなみだをながすおシカ
おシカがどうしてもやりたかったセッセッセをもすけがしてくれたから。
斎藤隆介さんが「かみなりむすめ」で伝えたいこと
斎藤さんは、「やさしい心」を伝えたいと思います。わけは、おシカがどうしてもやりたかったセッセッセを、もすけがしてくれて、もすけのやさしさが、手をうちあわせるごとにからだにしみとおってきたから。
おシカの人がら(せいかく)
・わがままな人
・下界の子と遊びたくて、「おっかあ、おらのツノきってくれろ！」と言ったから。
もすけの人がら(せいかく)
・やさしい人
・なかまに入れてもらえないおシカを見て、「かわいそうなこというな おらがあそんでやるべ。」と言ったから。

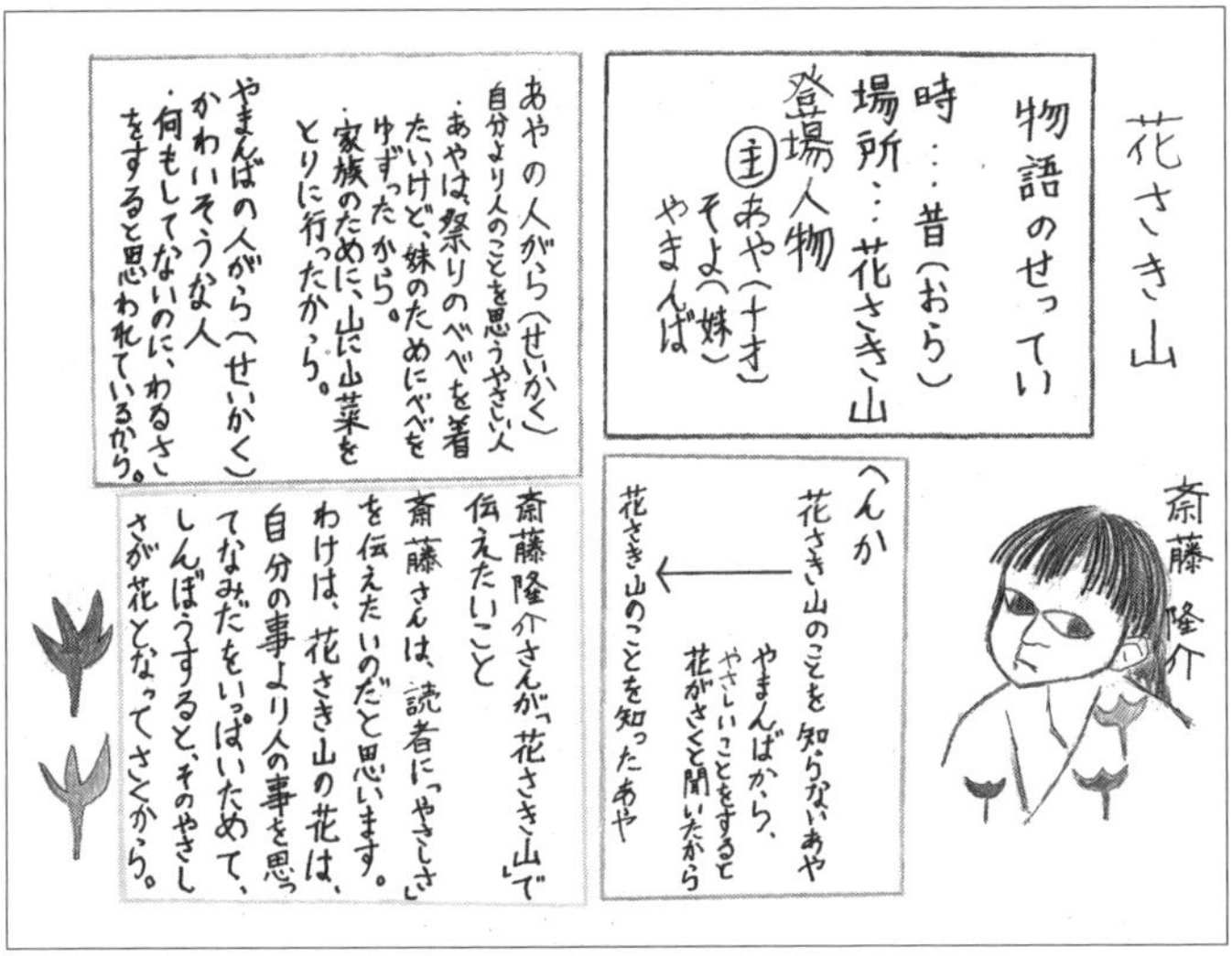
花さき山
物語のせってい
時…昔(おら)
場所…花さき山
登場人物
㊟あや(十才)
そよ(妹)
やまんば
へんか
花さき山のことを知らないあや
やまんばから、やさしいことをすると花がさくと聞いたから
花さき山のことを知ったあや
斎藤隆介
斎藤隆介さんが「花さき山」で伝えたいこと
斎藤さんは、読者に「やさしさ」を伝えたいのだと思います。わけは、花さき山の花は、自分の事より人の事を思ってなみだをいっぱいためて、しんぼうすると、そのやさしさが花となってさくから。
あやの人がら(せいかく)
・自分より人のことを思うやさしい人
・あやは、祭りのべべを着たいけど、妹のためにべべをゆずったから。
・家族のために、山に山菜をとりに行ったから。
やまんばの人がら(せいかく)
・かわいそうな人
・何もしてないのに、わるさをすると思われているから。

【児童の作品】

②それぞれの人物の性格を書く。

③その性格だと感じた根拠・理由を書く。

人物の変化（変容）

①主人公の「変化する前」「変化した後」を書く。

②「変化する前」「変化した後」の間に、「きっかけ」を書く。

斎藤さんの伝えたいこと（私が受け取ったメッセージ）

①伝えたいことを短く書く。

②そう思った理由を、「物語の設定」「登場人物の性格」「人物の変化」などを関係付けながら書く。

作成した紹介カードは、選んだ作品が違う子どもたちでグループをつくり、グループの中で紹介し合った後、学校図書館の中に斎藤隆介コーナーをつくり、そこに掲示してもらうようにしました。

おわりに

十五年ほど前、私が広島大学附属小学校に勤務していた頃、当時広島大学大学院の教授でいらっしゃった吉田裕久先生に研究授業についてご指導を仰ぐ機会に恵まれました。

私は、授業で取り扱う教材を決めかねていたのですが、ご指導いただく日も迫ってきたため、その学年で多くの先生方が実践研究される文学教材（「重要文学教材」）で指導案を作成しました。そして、吉田先生の元へお持ちしました。私は、実践をやり尽くされた感のあるその教材についてあまりおもしろさを感じていないこと、誰がどう読んでも同じような読み方になり、曖昧な感じで授業が終わってしまう気がすることを正直に吉田先生にご相談しました。

しかし、それは私の思い上がりでした。私の悩みに静かに耳を傾けていた吉田先生は、穏やかな口調で次のようにおっしゃいました。

「そんなことはありません。しっかりと読んでください。そうすれば、おもしろさが分かりますよ。」

私にとっては、過去に何度も子どもたちに指導した経験のある教材でしたが、吉田先生のご指導をきっかけに、改めて教材を読み直してみることにしました。それも、今までとは全く違う読み方で。指導者としてではなく、徹底的に読者として読みました。そして、自分の中で曖昧になっている部分や疑問に感じているところについて、文章中のことばをばらばらにしたり並べたりして考えてみました。

すると、今まで気付かなかった解釈が、私の中に生まれてきたのです。誰もが「当たり前」に感じていたイメージが違って見えるようになり、ぼんやりとした物語の世界が、一気に鮮明になりました。「読めたつもり」になっていた自分に気付きました。研究授業では、その場面を扱い、子どもたちにも私と同じような「見えなかったものが見える」体験をしてもらいました。

吉田先生にいただいたご指導をきっかけにして、私は教材を読むときの「視点」を学ぶことができました。教材の内容やその特性が読めるようになると、指導すべきことが明確になり、方法も決まります（「決める」のではなく、必然的に「決まる」のです）。子どもたちの発言に対する私の聴き方も変わってきました。授業づくりにおける教材分析の大切さを改めて実感した次第です。この場をお借りして、ご多忙な中、いつも温かいご指導をくださる吉田裕久先生に心より感謝を申し上げます。

国語の授業づくりの難しさを感じている先生方は、全国にたくさんいらっしゃることでしょう。国語の授業づくりに悩んでいる先生方、国語の実践研究を志す先生方にとりまして、本シリーズとの出合いが、「見えなかったものが見える」きっかけになってくれればと願います。

最後に、本シリーズの出版にあたって、企画段階から温かい指導と励ましをいただいた明治図書出版の林知里さんに深くお礼申し上げます。

立石　泰之

【監修者紹介】

実践国語教師の会

【編者紹介】

立石　泰之（たていし　やすゆき）

1972年，福岡県春日市に生まれる。東京学芸大学卒業。福岡県公立小学校教諭，広島大学附属小学校教諭，福岡県教育センター指導主事を経て，現在，福岡県公立小学校に勤務。全国大学国語教育学会，日本国語教育学会会員。共著に，『子どもの「学びに向かう力」を支える教師の「動き」と「言葉」』（東洋館出版社）がある。

【著者紹介】

國本　裕司（くにもと　ひろし）

1983年，福岡県田川市に生まれる。福岡教育大学卒業。現在，大任町立今任小学校教諭。田川郡小学校国語教育研究会事務局長。執筆原稿に『教育科学　国語教育』，共著に『小学校国語科　単元を貫く！「問い」のある言語活動の展開』（いずれも明治図書）がある。

〔本文イラスト〕木村美穂

国語科重要教材の授業づくり

たしかな教材研究で読み手を育てる
「モチモチの木」の授業

2021年1月初版第1刷刊

監修者　実践国語教師の会
©編　者　立石　泰之
著　者　國本　裕司
発行者　藤原　光政
発行所　明治図書出版株式会社
http://www.meijitosho.co.jp
（企画）林　知里（校正）井草正孝
〒114-0023　東京都北区滝野川7-46-1
振替00160-5-151318　電話03(5907)6703
ご注文窓口　電話03(5907)6668

＊検印省略

組版所　株式会社カシヨ

Printed in Japan　ISBN978-4-18-318529-7

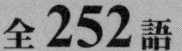

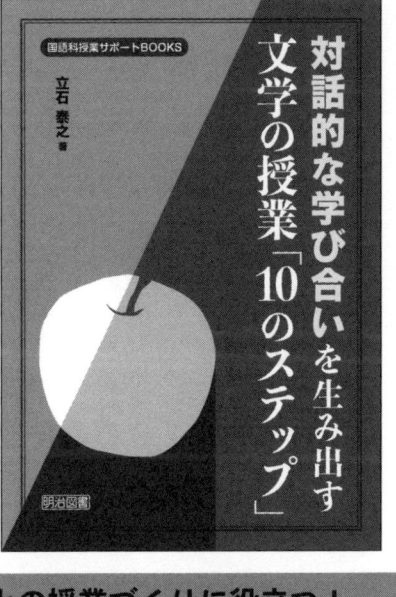

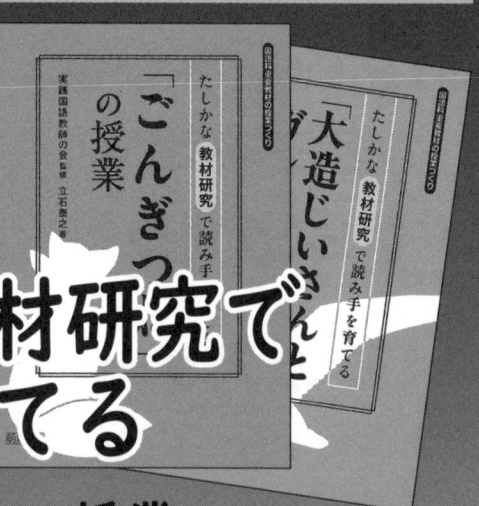